십대가 꼭 알아야 할
그리스도인의

KB202602

손승락 목사는
교회사역을 거쳐서
현재는 영신여자고등학교 교목실장으로
학원사역을 통한 청소년 사역을 감당하면서,
한국중 · 고등학생선교회의 디렉터를 맡아
중 · 고등학생 전문사역자로, 중 · 고등부 성경공부
교재와 매일묵상기도집 등을 저술하는 작가로,
활발히 활동하고 있습니다.

중 · 고등학생용 365 매일묵상기도집으로는
『365일 기도하는 다윗』(도서출판 요셉의 꿈)
『솔로몬 매일 기도집』(도서출판 요셉의 꿈)
『위대한 사람을 만드시는 하나님』(도서출판 요셉의 꿈) 등을,

중 · 고등부성경공부교재로는
『십대문화 예수생각 1~3(베드로서원)
『예수쟁이 십대』1~12(베드로서원)
『비전 바루기』1, 2(생명의 말씀사)
『코뿔소 십대』1~3(도서출판 처음)
『말씀을 꽃피우는 십대』1~4(도서출판 처음)
『예수사랑 십대천사』1~3(도서출판 처음) 등을,

단행본으로는
『꿈을 명(命) 받았습니다』(도서출판 요셉의 꿈) 등
총 50여권의 책을 저술했습니다.

중고등부 절대믿음 성경공부 시리즈 3

십대가 꼭 알아야 할
그리스도인의

절대소망

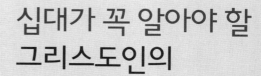

"누구든지 이 산더러 들리어 바다에 던져지라 하며,
그 말하는 것이 이루어질 줄 믿고 마음에 의심하지 아니하면
그대로 되리라" (막 11:2)

저자 **손승락 목사**

도서
출판 **요셉의 꿈**

머리말

세상이 감당하지 못하는 사람!

예수 그리스도께서 그런 분이셨던 것처럼, 그리스도의 사람도 그런 사람이어야 합니다. 성경에는 믿음으로 세상을 이긴 하나님의 사람들에 대한 이야기들이 많습니다. 그런데 요즘은 '세상이 감당하지 못하는 사람'이 아니라, '세상을 감당하지 못하는 사람'으로 사는 그리스도인들이 많습니다. 젊은 세대일수록 더욱 그렇습니다. 믿음이 약하기 때문입니다.

위대한 하나님의 사람들은 어떤 상황에서도 흔들리지 않는 믿음, 평생 동안 변하지 않는 한결같은 믿음, 부귀영화와도 바꾸지 않는 믿음, 어떤 권력으로도 굴복시킬 수 없던 믿음, 절대로 하나님으로부터 끊어놓을 수 없던 강력한 믿음을 가졌었습니다. 이런 믿음을 '절대믿음'이라고 할 수 있습니다. 우리 그리스도인은 자신을 위해서 이런 절대믿음을 가져야 합니다. 한국교회의 미래를 위해서도 절대믿음을 가진 용사들을 길러내야만 합니다.

고난과 역경이 온다고 좌절하고 주저앉는 그리스도인들도 있습니다. 주를 향한 소망이 희미하기 때문입니다. 하나님을 향한 절대소망으로 극한의 고난과 역경을 견뎌낸 믿음의 영웅들을 배워야 합니다. 우리의 십대들이 '절대소망'의 그리스도인이 되도록 양육해야 합니다.

그리스도인들을 빛과 소금으로 칭송하던 한국사회가 이제는 반기독교적 정서를 보이고 있습니다. 한국의 그리스도인들과 교회가 그리스도의 사랑을 잃어버렸기 때문입니다. 그리스도인은 먼저 하나님의 '절대사랑'을 체험해야 합니다. 그리고 그 사랑으로 세상을 감싸 안아야 합니다. 그렇게 될 때 우리 한국사회가 교회와 그리스도인들을 인정하게 될 것이고, 한국교회는 다시 부흥하게 될 것입니다.

믿음·소망·사랑, 이 세 가지는 기독교의 핵심 덕목입니다. 온전한 그리스도인은 이 세 가지 덕목을 갖추어야 합니다. 한국교회의 미래를 짊어질 오늘의 십대를 이런 그리스도인으로 양육하기 위한 성경공부교재가 꼭 필요합니다. 이 성경공부교재는 이런 목적을 위해서 개발되었습니다.

〈십대가 꼭 알아야 할 그리스도인의 절대믿음〉, 〈십대가 꼭 알아야 할 하나님의 절대사랑〉, 〈십대가 꼭 알아야 할 하나님을 향한 절대소망〉, 이 세 권의 절대믿음 성경공부 시리즈가 한국교회의 십대들을 강하고 온전한 그리스도인으로 양육하는 유용한 도구가 되기를 소망합니다.

하나님께 감사와 영광을 올립니다.

2012년 12월
학원선교현장에서 손승락 목사

교재의 성격

기적의 선교현장!

한국교회는 세계기독교역사에서 기적의 선교현장으로 평가받습니다. 선교 120여년 만에 1000만 성도, 전 국민의 20%가 그리스도인이 되었기 때문입니다.

여기 또 다른 기적의 선교현장이 있습니다. 3년 만에 30%의 기독교인 증가율을 보이는 곳, 미션스쿨인 우리학교 학원선교의 현장입니다.

저는 학원선교의 야전사령관인 교목실장으로 16년째 학원선교의 책임을 맡아 사역하고 있습니다. 우리 학교에서는 입학 때 35% 정도의 기독교인 비율이 졸업 때에는 65~70% 정도로 증가하고 있습니다. 3년 동안에 30%의 학생들이 복음을 받아들이고 그리스도인이 되는 것입니다. 모두 하나님의 능력으로 되는 일이지만 정말 놀라운 일이고 감사한 일입니다.

그렇다면 우리학교의 어떤 요인이 남다른 선교효과를 가져오는 것일까요? 무엇보다도 가장 큰 효과를 가져다주는 것은 예배입니다. 입학 후 기독교 신앙을 갖게 된 학생들의 90%가 예배의 영향임이 통계로 확인됩니다. 실제로 우리학교 학생들은 예배를 좋아합니다. 심지어는 다른 종교를 가지고 있는 학생들조차도 "예배드리는 것이 좋다!"고 말합니다. 학생들이 예배를 좋아하는 가장 핵심적인 요인은 설교입니다.

저는 십대들의 눈높이에 맞추어 파워포인트 설교를 합니다. 그러나 그보다 더 중요하게 생각하는 것은 감동을 주는 설교입니다. 그 감동을 위해 저는 주로 '스토리텔링(Storytelling)' 방식의 설교를 합니다. 먼저 '세상 이야기', 지금 세상에서 실제로 일어나는 이야기로 설교를 시작합니다. 성경 주제에 맞는 이상하고, 신기하고, 재미있고, 슬프고, 안타깝고, 화나고, 눈물이 나는 이야기들로 마음을 움직입니다. 그리고 그 감동의 지점에서 성경의 이야기(Bible Storytelling)를 시작합니다. 세상에서 일어나는 이야기를 성경 속에 있는 똑같은 이야기로 해석하고 신앙적 대안을 제시해 줍니다. 그러면 학생들은 자기도 모르는 사이에 자연스럽게 성경적으로 세상을 보고 이해하는 방법을 체득하게 됩니다. 약을 쓴 채로 먹이지 않고 당의정(사탕옷을 입힌 알약)으로 만들어 먹이는 것과 같은 원리입니다.

이 교재도 이런 방식으로 썼습니다. 요즘 학생들에게 효과적이고 검증된 방식으로 성경공부를 할 수 있도록 하기 위해서 입니다. 현실과 동떨어진 지루한 성경공부 시간이 아니라 관심을 가질 수 있고, 실제 생활에 적용할 수 있는 성경공부를 할 수 있는 교재입니다. 교회의 중·고등부 학생들은 이런 당의정 방식의 성경공부가 가장 효과적일 수 있습니다.

교재의 활용

첫째, **성경말씀**은 그 과의 주제가 되는 성경말씀입니다. 가급적 성경을 찾아서 읽습니다.

둘째, **사람의 냄새**는 그 과의 주제를 담고 있는 세상의 이야기들입니다. 이 부분을 읽거나 얘기를 해주고, 〈나는요, 이렇게 생각해요〉 부분에서, 이런 경우에 자신이 취하고 있는 태도에 대해서 함께 나누면 좋습니다.

셋째, **예수의 향기**는, 앞서 생각한 사례와 비슷한 성경 인물들의 이야기입니다. 성경이야기를 구체적으로 살펴보면서, 성경인물들이 취한 태도에서 신앙적인 자세와 문제해결방식을 배우게 됩니다. 〈나는요, 이런 걸 생각했어요.〉 부분에서 성경에서 배운 것들을 함께 나눕니다.

넷째, **마음에 새기는 말씀**은 성경을 찾아 빈 칸을 채우면서(빈칸에 들어가는 단어가 키워드임) 말씀을 마음에 새기는 부분입니다. 그 말씀이 좋은 밭에 뿌려진 씨앗처럼 우리들의 마음에서 잘 자라고 많은 열매가 맺기를 소망합니다.

다섯째, **자신을 위한 기도**는 선생님이 참고하면서 기도해주어도 되고, 학생이 읽으면서 기도를 해도 됩니다. 오늘 배운 말씀을 생활 속에서 실천할 수 있기를 위한 기도이므로, 배운 말씀을 총정리 하는 동시에 믿음의 실천을 결단할 수 있도록 이끌어주세요.

이 교재를 활용해서 성경공부를 하는 우리 십대들이 하나님을 향한 절대믿음에 서고, 우리들을 향한 하나님의 절대사랑에 붙들린바 되며, 믿음의 영웅들인 하나님의 사람들이 가졌던 절대소망을 가질 수 있기를 소망합니다.

절대소망 CONTENTS

요셉의 절대소망

ᄉᄂᄉ **성경말씀** 창세기 37 : 9

요셉이 다시 꿈을 꾸고 그의 형들에게 말하여 이르되 "내가 또 꿈을 꾼즉 해와 달과 열한 별이 내게 절하더이다." 하니라.

:ᄀ **사람의 냄새** 거지를 병원장으로 만들어준 소망

열 살짜리 선태는 한국전쟁 때 폭탄파편을 맞아 소경이 되었습니다. 얼마 후에는 부모님마저 폭격으로 돌아가셨습니다. 고아가 된 선태는 친척집을 전전했지만 구박을 견디다 못해서 집을 나와 거지가 되었습니다. 추운겨울에 밖에서 잠을 자다 한쪽 발이 동상에 걸려 썩기도 했고, 상한 음식을 얻어먹고 식중독에 걸려 죽을 뻔 하기도 했습니다.

한번은 옻나무를 가득 쌓아놓은 남의 집 창고에서 잠을 자다가 온몸에 옻이 올라 숨이 끊어지기 직전까지 갔습니다. 바로 그때 평생의 은인이 된 한 할머니를 만났습니다. 그 할머니는 병든 거지 아이를 자기의 집으로 데려가 간호해 주었고, 선태는 그렇게 목숨을 건졌습니다. 병이 다 나았을 때 그리스도인이었던 할머니는 선태에게 말했습니다. "나는 돈이 없어 너를 키워줄 수는 없지만 일평생 너를 위해 기도를 해주마. 대신 너는 커서 하나님의 말씀을 전하는 사람이 되어다오." 자기의 생명을 구해준 할머니의 그 부탁이 선태에게는 평생의 소망이 되었습니다. '하나님의 종'이 된다는 그 소망이 그의 인생을 이끌어주었습니다. 그 후 선태는 고아원에서 살면서 학교를 다녔습니다. 점자로 공부했지만 성적이 우수했습니다. 친구들이 8시간 잘 때 선태는 5시간만 자면서 노력했기 때문입니다. 그렇게 고등학교를 마치고 난 선태는 대학에 진학하고, 공부를 계속해서 박사 학위에 도전하려고 했습니다. 그런데 당시는 대학에 가기 위해서 보아야 하는 국가고시에 점자 시험이 없었습니다. 시각장애인이 대학에 갈 길이 막혀 있었던 것입니다. 선태는 32번이나 당시 문교부를 찾아갔지만 번번이 문전박대만 당했습니다. 그러나 선태는 분명한 소망이 있기 때문에 포기하지 않았습니다. 어느 날 선태는 무작정 문교부 장학과로

쳐들어갔습니다. 그리고 역시 무관심하고 대책을 세워주지 않는 직원들에게 짚고 있던 지팡이를 휘둘러대며 소리를 질러댔습니다. 때 마침 그곳에 신문기자들이 와 있었는데, 기자들이 그의 사정을 알게 되었고, 선태를 문교부 장관실로 데리고 들어갔습니다. 장관은 그에게 국가고시를 볼 수 있는 특전을 주었고, 그는 시험을 거쳐 숭실대학교에 입학할 수 있었습니다. 이후 장신대 신학대학원에서 목회학을 전공했고, 미국 매코믹대에서 목회학 박사 학위를 받았습니다. 훗날 명예 철학 박사 학위와 명예 신학 박사 학위도 받았습니다. 그는 헬렌 켈러 이후 처음으로 세 개의 박사학위를 가진 시각장애인이 되었습니다. 공부를 마치고 목사님이 된 김선태 목사는 시각장애인들을 위한 삶을 살았습니다. 시각장애인을 위한 교회를 세우고, 점자 성경과 점자 찬송가를 소개했습니다. 또 앞을 못 보는 젊은이들에게 장학금을 주는 일을 했고, 1986년에는 실로암안과병원을 설립했습니다. 이 병원을 통해서 3만 명에게 개안수술을 해주었고, 실명 위기에 처한 35만 명에게 무료 안과 진료를 해주는 엄청난 일을 했습니다.

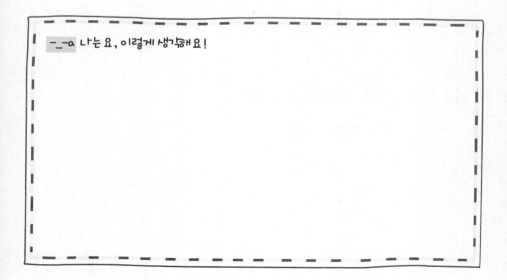

-_-a 나는요, 이렇게 생각해요!

자존감은 우리를 위대한 사람으로 세우시는 하나님의 선물입니다. 반대로 낮은 자존감은 우리를 무너트리려는 사탄의 치명적인 무기입니다. 사탄은 우리를 무너트리기 위해서 심리전을 펼 때가 많습니다. 의심, 걱정, 불안, 두려움, 질투, 죄책감 등을 활용하지만 무엇보다 강력한 사탄의 무기는 낮은 자존감(자기비하감정, 자기모멸감, 무력감)입니다. 이것에 감염되면 자기 자신의 잠재력이 마비되고, 자신의 꿈이 파괴되고, 자기 주변의 사람들과의 관계가 망가지고, 무엇보다도 하나님의 뜻을 위한 행동을 할 수 없게 됩니다. 반면에 하나님께서는 우리에게 꿈을 주시고, 성령님께서는 하나님의 위대한 사역에 동참하는 위대한 사람임을 깨닫도록 자존감을 높여주십니다. 성령님께서 주시는 이 자존감은 우리의 삶을 위대하게 이끌어가는 동력이 됩니다.

하나님께서는 요셉에게 두 번의 꿈을 꾸게 해주셨습니다. 형들의 곡식단이 자기의 곡식단에게 절을 하는 꿈, 해와 달과 열 한 별이 자기에게 절을 하는 꿈이었습니다. 요셉은 다른 사람의 절을 받는 꿈을 꾸고는 하나님께서 자기를 존귀하게 사용하실 것을 믿었습니다. 요셉은 이 꿈을 통해서 아주 중요한 두 가지를 가지게 됩니다. 하나는 절대소망이고, 또 하나는 높은 자존감입니다. 하나님께 받은 이 절대소망과 자존감은 보디발의 집의 종일 때도, 왕의 감옥에 죄수로 갇혔을 때도 절망하지 않고 소망을 갖게 해주었습니다. 요셉으로 하여금 비천한 사람으로 떨어지지 않고 존귀한 사람으로 살게 해주었습니다. 하나님이 주신 절대소망과 자존감으로 요셉은 모든 역경을 극복하고 결국 제국의 총리대신이 되었습니다.

당신은 어느 정도의 자존감을 가지고 살고 있나요? 당신의 자존감의 크기가 당신의 미래와 행복을 결정해줄 것입니다. 결코 자기비하감정이나 무력감에 빠지지 마십시오. 당신은 하나님의 사람으로, 하나님의 일을 해나가는 하나님의 동역자입니다. 당신은 어떤 소망을 가지고 있나요? 요셉처럼 어떤 상황에서도 놓치지 않을 절대소망을 가지십시오.

~(~'_') 주님! 저도 이렇게 살도록 노력할게요.

히브리서 6 : 18~19 / 소망은 영혼의 닻

이는 하나님이 거짓말을 하실 수 없는 이 두 가지 변하지 못할 사실로 말미암아 앞에 있는 ▨▨▨을 얻으려고 피난처를 찾은 우리에게 큰 안위를 받게 하려 하심이라. 우리가 이 소망을 가지고 있는 것은 ▨▨▨▨ ▨ 같아서 튼튼하고 견고하여 휘장 안에 들어가나니

요한복음 1 : 12, 13 / 하나님의 자녀로서의 자존감을 가지라

영접하는 자 곧 그 이름을 믿는 자들에게는 하나님의 ▨▨가 되는 ▨▨를 주셨으니, 이는 혈통으로나 육정으로나 사람의 뜻으로 나지 아니하고 오직 하나님께로부터 난 자들이니라.

로마서 5 : 5~6 / 우리의 소망을 부끄럽지 않게 하시는 하나님

▨▨이 우리를 부끄럽게 하지 아니함은 우리에게 주신 ▨▨으로 말미암아 하나님의 ▨▨이 우리 마음에 부은바 됨이니, 우리가 아직 연약한 때에 기약대로 그리스도께서 경건하지 않은 자를 위하여 죽으셨도다.

6(^_^) 자신을 위한 기도

하나님 아버지!
세상에는 자기 자신을 하찮게 여기는 사람들이 많습니다. 이런 사람들은 큰 뜻을 품지도 못하고, 아름다운 일을 계획하지도 못하며, 의미 있는 인생을 살지도 못합니다. 이제 저는 자 자신을 존귀하게 여기는 사람, 더욱이 자신을 하나님께서 존귀하게 사용하시는 사람이라는 높은 자존감을 가지고 살게 해주세요. 큰 뜻을 품고, 아름다운 일을 계획하며, 의미 있는 인생을 살게 도와주세요. 예수님 이름으로 기도합니다. – 아멘.

절대소망2 다말의 절대소망

성경말씀 창세기 38 : 25

여인이 끌려 나갈 때에 사람을 보내어 시아버지에게 이르되 "이 물건 임자로 말미암아 임신하였나이다. 청하건대 보소서 이 도장과 그 끈과 지팡이가 누구의 것이니이까?" 한지라

사람의 냄새 당신의 자리를 지켜라!

미국의 가정집에 괴한이 침입했습니다. 아기를 돌보고 있던 십대 엄마는 소파로 방문을 막아놓고 엽총을 집어들었습니다. 어린 엄마는 가구 뒤로 몸을 숨긴 채 긴급구조대 911로 전화를 걸어 신고를 했습니다. 그리고 물었습니다.

"경찰이 출동하기 전에 괴한이 문을 부수고 들어오면, 아기를 위해서 괴한을 총으로 쏴도 되나요?"

그러자 신고를 받던 구조대원이 말했습니다.

"내가 '쏘라!'고는 말할 수 없지만, 당신은 당신의 딸을 지키기 위해서 할 수 있는 모든 수단을 동원하세요!"

어린 엄마는 문을 부수고 들어오는 괴한에게 총을 쏘았고, 괴한은 큰 부상을 당했습니다. 그러나 어린 엄마는 정당방위로 인정받아 아무런 처벌을 받지 않았습니다.

미국에서는 정당방위의 개념이 폭넓게 적용되고 있습니다. 생명의 위협이 있을 경우 자신의 생명을 지키기 위해 가해자를 죽일 수 있는 무력 사용을 허용하고 있는 것입니다.

'성의 원칙(Castle Doctrine)'이라고 하는 정당방위법은 집주인은 집과 가족을 지키기 위해 집 안에 들어온 침입자를 총으로 쏴서 죽일 경우 무죄이며, 이런 경우

12

고소도 할 수 없게 해놓았습니다. 최근에는 집 안 뿐 아니라 집 밖의 잔디, 길가, 수영장까지 이 원칙을 확대하고 있습니다. 이른바 '자기의 땅 지키기(Stand Your Ground)'의 개념입니다. 이 정당방위법은 자기의 삶을 해치는 행위에 대한 방어적인 행위를 통틀어서 적용하고 있습니다.

정당방위의 개념을 좀 더 폭넓게 적용할 수도 있습니다. 당연한 자신의 권리가 침해받고 있을 때, 그 자신의 권리를 찾기 위해서 한 행동에 대해서도 책임을 물을 수가 없는 것입니다. 예를 들어 사기꾼에게 속아서 돈을 준 사람은 정상적인 방법으로 돈을 되찾을 방법이 없을 경우가 많습니다. 이럴 경우 거짓말로 사기꾼을 속여서 돈을 되찾았다면, 그 사람은 거짓말쟁이로 비난을 받기보다는 지혜로운 사람으로 칭찬을 받게 될 것입니다.

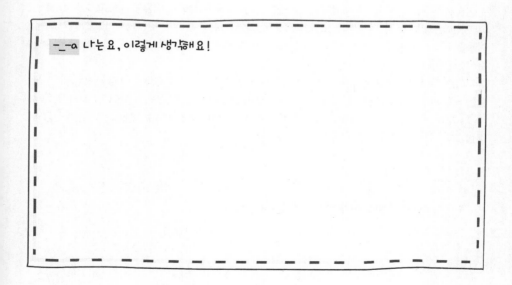

-_-a 나는요, 이렇게 생각해요!

'자기의 땅 지키기(Stand Your Ground)'의 개념을 다말에게 적용할 수 있습니다. 다말은 부모님이 시키는 대로 엘이라는 남자와 결혼을 했는데 남편이 죽었습니다. 남편의 아들을 낳아 가문의 대를 이어주라는 시아버지의 말씀과 이스라엘의 관습을 따라 남편의 동생인 오난의 아내가 되었는데, 그도 죽었습니다. 자신은 두 사람의 죽음에 대하여 아무 책임도 없는데, 시아버지는 자신을 꺼리면서 셋째 아들이 클 때까지 기다리라는 핑계로 친정으로 돌려보냈습니다. 다말은 과부가 입는 옷을 입고 친정에서 가족들의 눈치를 보며, 이웃들의 수군거림을 들으며 매우 힘들게 살았습니다. 그런데 시동생 셀라가 이미 장성했는데도 시아버지는 자신을 부르지 않습니다.

그때 시아버지가 자기 동네에 왔습니다. 그 기회를 이용해서 다말은 자신의 인생을 세우기 위한 행동을 개시했습니다. 목숨을 걸어야 하는 모험이었습니다. 그것은 시아버지를 통해서 아들을 낳는 방법이었습니다. 다말은 몸을 파는 여자로 변장하여 시아버지를 유혹했습니다. 다말은 그렇게 해서 시아버지의 아기를 임신하게 되었습니다.

다말은 아브라함 가문의 유다의 아들 엘과 결혼을 했을 때 아들을 낳아 명예로운 가문의 대를 이어주려는 소망을 가졌습니다. 이 소망은 다말에게 절대소망이었습니다. 아브라함의 가문, 하나님의 복된 가문이기에 어떻게 해서든지 유일한 며느리인 자기가 대를 이어주려는 절대소망을 붙들고 살았기 때문에 시아버지를 통해서 임신하는 일까지 감행하게 된 것입니다. 죽음의 위험도 감내하도록 하는 절대소망이었습니다.

과부가 임신했다는 소문이 났고, 그 소문을 들은 시아버지는 불륜이 분명하다며, 다말을 성문으로 끌어내서 불살라 죽이라고 했습니다. 이에 다말은 진실을 밝혔고, 시아버지 유다는 "그녀가 나보다 옳다"고 하면서 다말의 행위가 정당하다는 것을 인정했습니다. 며느리의 절대소망을 이해한 것입니다. 다말의 행동이 자기의 자리를 지키기 위한 행위였다는 것을 인정한 것입니다.

이렇게 다말은 절대소망에서 비롯된 죽음을 각오한 모험을 통해서 아들을 낳았고, 가문을 세웠고, 자신의 이름을 다윗 왕과 그리스도의 족보에 올릴 수 있었습니다. 하나님께서도 그녀가 낳은 아들들(베레스와 세라)을 아브라함의 적통으로 인정했습니다. 하나님께서도 다말의 행위를 인정해 주신 것입니다.

우리는 때로 믿음에 서 있는 자기의 자리를 지키기 위해서 세상과 맞서야 할 때가 있습니다. 신실한 믿음의 자리에서 자신과 교회, 그리고 그리스도를 지키기 위한 행동을 해야 할 때가 있습니다. 특히 하나님 안에서 자신을 지키기 위한 행위에 대해서 하나님께서는 정당한 행위로 인정해 주십니다.

~(~'_') 주님! 저도 이렇게 살도록 노력할게요.

:-) 마음에 새기는 말씀

사도행전 4 : 19 / 하나님의 말씀을 지켜라

베드로와 요한이 대답하여 이르되 "하나님 앞에서 너희의 ▧을 듣는 것이 하나님의 ▧▧을 듣는 것보다 옳은가 ▧▧하라."

신명기 4 : 9 / 자기의 마음을 지켜자

오직 너는 스스로 삼가며 네 ▧▧을 힘써 ▧▧▧. 그리하여 네가 눈으로 본 그 일을 잊어버리지 말라. 네가 생존하는 날 동안에 그 일들이 네 마음에서 떠나지 않도록 조심하라. 너는 그 일들을 네 아들들과 네 손자들에게 알게 하라.

잠언 4 : 23 / 생명의 근원을 지키라

모든 지킬 만한 것 중에 더욱 네 ▧▧을 지키라. ▧▧의 근원이 이에서 남이니라.

6(^_^) 자신을 위한 기도

하나님 아버지!
저도 제 인생을 세우기 위해서 능동적이고 적극적으로 행동하는 사람이 되게 도와주세요. 어떤 상황을 남의 도움을 바라며 기다리다 실망하는 사람이 되지 않고, 지혜와 용기로 스스로 문제를 극복하고 인생을 세우는 사람이 되게 도와주세요.
예수님 이름으로 기도합니다. – 아멘.

성경말씀 여호수아 2 : 12~13

그러므로 이제 청하노니 내가 너희를 선대하였은즉 너희도 내 아버지의 집을 선대하도록 여호와의 이름으로 내게 맹세하고 내게 증표를 내라. 그리고 나의 부모와 나의 남녀 형제와 그들에게 속한 모든 사람을 살려 주어 우리 목숨을 죽음에서 건져내라.

사람의 냄새 *날감옥에 보내줘~*

국민은행 수원역지점에 20대 남자가 들어왔습니다. 남자는 10,000원을 송금해 달라고 창구 여직원에게 요구하다가 1,000원짜리 지폐로 만든 종이비행기를 창구 안쪽으로 날렸습니다. 그리고는 비행기를 주우러 간다며 창구 안쪽으로 들어온 뒤 갑자기 은행 직원을 흉기로 위협하며 돈을 내놓으라고 소리쳤습니다. 은행 직원이 떠밀자 남자는 바닥에 넘어져 허둥댔습니다. 그 사이 청원경찰이 가스총을 발사하고, 직원 3, 4명이 남자를 붙잡아 경찰에 넘겼습니다.

어설픈 강도짓을 한 이 남자는 경찰에게 "취직도 안 되고 먹고 살기도 힘든데 감옥에 가면 밥 먹고 잘 걱정은 없겠다는 생각이 들어서 교도소에 가기 위해 일부러 강도짓을 한 것"이라고 말했습니다. 이 남자는 일부러 사람이 많은 국민은행을 범행 장소로 택했고, 범행을 확실히 하기 위해 창구 안쪽까지 들어갔으며, 만약의 인명사고에 대비해, 준비한 흉기 끝을 무디게 갈아서 상처를 입히지 않도록 준비했습니다.

이 남자는 지방 대학 2학년을 중퇴하고 선원 등으로 일하다 최근 일을 그만두었는데 일자리를 구하지 못했습니다. 지하 월세방에서 어머니, 형과 함께 지냈는데, 주유소 아르바이트를 하는 형의 수입으로 어렵게 생활해 왔습니다. 자신의 처지가 한심하여 차라리 감옥에 가서 집안에 폐나 끼치지 말아야 하겠다고 생각했던 것입니다.

참 딱한 청년인데, 그의 살림과 형편이 딱하기도 합니다. 그러나 더 딱한 것은 자신에 대한 자존감이 없고, 자신의 더 나은 미래에 대한 소망이 없는 것입니다. 지금도 바닥인생인데, 거기서 벗어날 생각을 하지 못하고 자포자기해서 더 깊은 바닥으로 추락해 버린 것입니다. 지금보다 더 나은 미래에 대한 소망을 가지고 뭔가를 모색해야 하는데 그러지 못했던 것입니다.

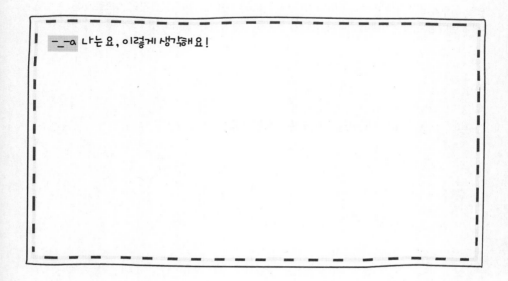

-_-α 나는요, 이렇게 생각해요!

라합은 여리고성에서 바닥인생을 살고 있었습니다. 술과 몸을 팔아야 했던 라합에게 지금 여리고성에서의 삶은 극복하고 벗어나야 하는 것이었습니다. 바알문화와 가나안 사회에서 바닥인생을 살고 있던 라합은 그 사회의 루저(Looser, 패배자)였습니다. 라합은 그 사회와 체제 안에서는 어떤 좋은 미래를 소망할 수가 없었습니다.

이런 라합에게 새로운 소식이 들려왔습니다. 여호와라는 신을 섬기는 이스라엘 사람들이 새로운 나라를 만들기 위해서 가나안땅으로 오고 있다는 소식입니다. 라합은 이스라엘이 세울 그 새로운 나라에서 사람답게 살아보고 싶다는 새로운 소망을 가지게 되었습니다. 참 하나님과 그가 세울 새 나라에서의 새로운 삶에 대한 열망 앞에, 그를 짓밟아 온 동족과 그들의 신은 더 이상 의미가 없게 되었습니다.

라합은 여리고성에 숨어든 이스라엘 첩자를 도와주면서, 그 대가로 자신과 자기 아버지의 가족들 모두를 이스라엘의 새로운 백성으로 받아줄 것을 약속받았습니다. 여리고성이 무너지고, 새롭게 이스라엘 백성이 된 라합은 과거의 직업과 삶의 방식을 완전히 청산하고 하나님을 섬기는 새로운 삶을 살게 되었습니다. 이스라엘의 새로운 백성이이 된 라합은 살몬이라는 유력한 유대인과 결혼해서 보아스라는 아들을 낳고 행복한 인생을 살게 되었습니다. 그녀는 그렇게 다윗과 그리스도의 족보에 오르는 영광스런 인물이 되었습니다.

현재를 벗어버리고 새로운 미래를 만들어야만 하는 사람들이 있습니다. 바닥인생을 사는 사람들은 모두 그렇게 해야 합니다. 자신의 현재를 분명히 깨닫고, 현재의 가난과 실패와 좌절과 아픔과 고통을 벗어나서, 높고 밝고 아름답고 행복한 미래를 만들기 위해서 처절하게 노력하며 기회를 만들어가는 삶을 살아야 합니다. 그것을 가능하게 만들어주는 것이 절대소망입니다.

하나님은 미래의 주인이십니다. 하나님은 우리의 소망의 근거입니다. 하나님을 붙잡고 소망으로 삼는 사람들은 현재의 어둠과 절망을 벗어나서 밝고 아름다운 미래를 자기의 것으로 만들 수 있습니다. 하나님은 바닥인생을 벗어나 고귀한 인생을 살도록 하는 절대소망이 되심을 기억하십시오.

~(~′ _) 주님! 저도 이렇게 살도록 노력할게요.

예레미야 29 : 11 / 나를 향한 하나님의 생각

여호와의 말씀이니라. 너희를 향한 나의 생각을 내가 아나니 ▢▢이요 재앙이 아니니라. 너희에게 ▢▢와 ▢▢을 주는 것이니라.

마태복음 7 : 7, 8 / 소망의 두드림

▢▢▢ 그리하면 너희에게 주실 것이요, ▢▢▢ 그리하면 찾아낼 것이요, 문을 ▢▢▢▢ 그리하면 너희에게 열릴 것이니, 구하는 이마다 받을 것이요, 찾는 이는 찾아낼 것이요, 두드리는 이에게는 열릴 것이니라.

잠언 23 : 17, 18 / 끊어지지 않는 소망

네 마음으로 죄인의 형통을 부러워하지 말고 항상 여호와를 경외하라. 정녕히 네 ▢▢가 있겠고 네 ▢▢이 끊어지지 아니하리라.

 6(^_^) 자신을 위한 기도

높여주시는 하나님 아버지!

혹시 제가 지금 바닥인생을 살고 있는 것은 아닐까요? 더 높고 아름다운 인생을 살아야 하고, 살 수 있는데, 제가 보다 나은 미래를 소망하지 못해서 지금 이런 모습으로 살고 있는 것은 아닐까요? 더 높은 꿈을 추구하며 현재의 모든 실패와 부정적인 모습을 벗어버릴 수 있게 도와주세요. 지금을 벗어버리고 훨씬 더 나은 새로운 인생을 살아갈 수 있도록 이끌어주세요. 예수님 이름으로 기도합니다. – 아멘.

룻의 절대소망

ᄊᄉ **성경말씀** 룻기 1 : 16~18

룻이 이르되 "내게 어머니를 떠나며 어머니를 따르지 말고 돌아가라 강권하지 마옵소서. 어머니께서 가시는 곳에 나도 가고 어머니께서 머무시는 곳에서 나도 머물겠나이다. 어머니의 백성이 나의 백성이 되고 어머니의 하나님이 나의 하나님이 되시리니, 어머니께서 죽으시는 곳에서 나도 죽어 거기 묻힐 것이라. 만일 내가 죽는 일 외에 어머니를 떠나면 여호와께서 내게 벌을 내리시고 더 내리시기를 원하나이다." 하는지라

:ᅴ **사람의 냄새** 싫으면 싫다고 하고, 좋으면 좋다고 해!

직장인 박연희(31)씨는 자신의 업무 외에도 상사와 동료가 부탁한 일을 처리하느라 야근을 밥 먹듯 하고 걸핏하면 주말 근무를 요구하는 상사 때문에 남자친구와의 사이도 틀어져 버렸습니다. 그렇지만 자신의 노력을 인정받기는커녕 '야근 하는 사람'으로 낙인찍히고 부가적인 업무 때문에 정작 자신의 일에선 만족할 만한 성과도 올리지 못하는 상황에 놓이고 말았습니다.

커뮤니케이션 클리닉의 공문선 원장은 "이처럼 거절을 못하고 남의 일을 떠맡는 사람들은 주변 사람들에게 '그는 원래 그런 사람'이라고 각인될 뿐 개인의 발전에는 전혀 도움이 되지 않는다"면서 " '아니오'라고 말할 수 있는 용기가 필요하다"고 충고합니다.

'빵셔틀'이 되어 힘들어하는 학생들이나, 다른 학생들의 집단 괴롭힘의 대상이 되는 학생들의 경우도 마찬가지입니다. 다른 학생들이 자신에게 원하지 않는 것을 요구할 때 처음부터 '싫어' 하고 단호하게 거절하면 부당한 요구를 반복하지 못합니다. 지속적으로 성적 괴롭힘을 당하는 경우도 마찬가지로 애초에 단호하게 대응하는 것이 가장 좋은 방법입니다.

미국의 한 기관에서 사람들이 실패하는 원인을 조사했습니다. 자기 자신을 실패자라고 생각하는 사람들 2,500명에게 "당신은 왜 실패했다고 생각합니까?"라고 물

었습니다. 이 질문에 "결단력이 부족해서"라는 대답이 가장 많았습니다. '예'와 '아니오'로 태도를 분명히 해야 할 때 그렇게 하지 못한 것이 인생의 실패 원인이 되었던 것입니다.

뭔가 내키지 않는 것이나 부당한 요구를 거절할 때는 이유를 대지 말고 딱 잘라 거절하는 것이 가장 효과적인 방법이라고 전문가들은 말합니다. 머뭇거리면서 뭔가 이유를 설명하려고 애쓰지 말고 상대방의 눈을 똑바로 쳐다보면서 분명하게 "No!"라고 의사표현을 하라는 것입니다. 그러나 주의해야 할 것은 '사람'이 아닌 '부탁'을 거절해야 한다는 것입니다. 상대방이 싫어서 거절하는 것이 아니라, 들어줄 수 없는 부탁이기에 거절하는 것이 적개심을 불러일으키지 않고 거절하는 방법입니다.

거절할 때도 자연스럽고 경쾌하면서도 분명한 목소리로 하는 것이 중요합니다. 우물쭈물하면서 대답을 회피하는 것은 상대방에게 비겁하다거나 심약한 인상을 심어주어 얕잡아 보게 됩니다. 반대로 지나치게 공격적인 어투는 반감을 불러일으킵니다.

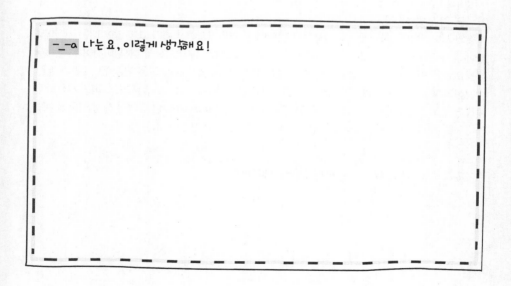

-_-a 나는요, 이렇게 생각해요!

:-O 예수의 향기 'yes' 와 'no' 에 담긴 소망

'Yes'와 'No'!

우리는 늘 '예'와 '아니오'로 대답해야 할 순간을 만나지만, 100%의 순도를 가진 '예'와 '아니오'로 대답하는 경우는 생각보다 많지 않을지도 모릅니다. 100%의 '예'와 '아니오'로 대답하기 위해서 때로는 아주 큰 결단력이 필요하기 때문입니다.

'예'라고 하고 싶은데 '아니오'라고 대답하는 경우도 있고, '아니오'라고 대답해야 할 때에 '예'라고 대답하는 사람이 있습니다. 이런 사람은 우유부단한 사람일 수도 있고, 인정이 많은 사람일 수도 있는데, 나중에 큰 피해를 보게 될 위험이 있습니다. 'No' 하지 못해서 어쩌다 보니 순결을 잃게 되는 사람, '이건 아닌 것 같은데…' 하면서도 상황에 떠밀려서 결혼하는 사람도 있습니다. 자신의 생각과 태도를 그대로 반영한 '예'와 '아니오' 대답은 매우 중요하고, 그러기 위해서는 결단력이 필요합니다.

흉년을 피해서 베들레헴에서 모압으로 이주한 나오미는 매우 불행한 상황에 빠졌습니다. 남편도 죽었고, 모압에서 결혼시킨 두 아들도 죽어서, 오롯이 세 명의 과부만 남았습니다. 시어머니 나오미는 고향인 유대 베들레헴으로 돌아갈 것을 결심하고 두 며느리 오르바와 룻에게 친정으로 돌아가라고 권면했습니다. 나오미는 그것이 그들에게 베풀어줄 수 있는 마지막 호의라고 생각했습니다.

오르바는 "예" 하고 친정으로 돌아갔습니다. 그러나 룻은 강권하는 시어머니의 말에도 "아니오!"라고 잘라 말하고 시어머니와 함께 유대 땅으로 왔습니다. 이것은 시어머니에 대한 인정이나 도리의 문제이기도 했지만, 하나님에 대한 신앙 때문에 내린 결단이었습니다. 룻은 나오미의 집으로 시집을 온 후로 하나님을 알게 되었고 믿고 있었습니다. 늦게 믿은 하나님이지만 이제는 하나님을 버리고 이방신에게로 돌아가서 살 수가 없었습니다. 그래서 생활이 아무리 어렵고 힘들어도 시어머니와 함께 하나님을 섬길 수 있는 유대 땅으로 갈 것을 결심한 것입니다. 이 결심이 단호한 "아니오!"가 되었습니다.

룻의 시어머니의 말에 대한 '아니오'는 시어머니에 대한 거절이 아니라 그의 말에 대한 거절이었습니다. 룻의 시어머니의 말에 대한 '아니오'는 하나님께 대한 '예'이기도 합니다. 이것이 유대 베들레헴으로 온 룻이 새로운 남편을 만나고 그리스도의 계보를 잇게 되는 복을 받게 된 이유입니다.

당신의 예와 아니오는 얼마만큼의 순도를 가지고 있는지 스스로 살펴보십시오. 그리고 자신의 의지를 분명히 하는 예와 아니오를 말하면서 사십시오. 무엇보다도 하나님에 대한 신앙 때문에 예와 아니오를 분명히 하면서 살아가십시오. 그것이 하나님께 복을 받는 지름길입니다.

~(~' _') 주님! 저도 이렇게 살도록 노력할게요.

:-) **마음에 새기는 말씀**

여호수아 24 : 15

만일 ████를 섬기는 것이 너희에게 좋지 안게 보이거든 너희 조상들이 강 저쪽에서 섬기던 신들이든지, 또는 너희가 거주하는 땅에 있는 아모리 족속의 신들 이든지, 너희가 ████를 오늘 택하라. 오직 █와 █ 은 여호와를 섬 기겠노라. 하니

열왕기상 18 : 21

엘리야가 모든 백성에게 가까이 나아가 이르되 "너희가 어느 때까지 둘 사이에서 █████ 하려느냐? █████가 만일 ████이면 그를 따르고 바 알이 만일 하나님이면 그를 따를지니라." 하니 백성이 말 한마디도 대답하지 아니하 는지라

요한계시록 3 : 14, 15

라오디게아 교회의 사자에게 편지하라. 아멘이시요 충성되고 참된 증인이시요 하 나님의 창조의 근본이신 이가 이르시되, 내가 네 행위를 아노니 네가 ████ 아니하고 █████ 아니하도다. 네가 ████ █████ 하기를 원하노라.

📮

6(^_^) **자신을 위한 기도**

하나님 아버지!

'예'와 '아니오'를 분명히 하면서 사는 제가 되도록 도와주세요. 아니면서도 '아니오'를 못하거나, 원하면서도 '예' 하지 못하는 우유부단한 삶을 살지 않도록 도와주세요. 선하고 좋은 것에는 '예' 하고, 악하고 나쁜 것에는 '아니오' 할 수 있는 용기를 주세요. 원하는 것에 '예' 하고 원하지 않는 것에 대하여 단호하게 '아니오' 할 수 있는 결단의 사람이 되게 도와주세요. 예수님 이름으로 기도합니다. – 아멘.

23

한나의 절대소망

성경말씀 **성경말씀** 사무엘상 1 : 10~16

한나가 마음이 괴로워서 여호와께 기도하고 통곡하며… 엘리가 그에게 이르되 "네가 언제까지 취하여 있겠느냐? 포도주를 끊으라." 하니, 한나가 대답하여 이르되 "내 주여 그렇지 아니하니이다. 나는 마음이 슬픈 여자라. 포도주나 독주를 마신 것이 아니요 여호와 앞에 내 심정을 통한 것뿐이오니, 당신의 여종을 악한 여자로 여기지 마옵소서. 내가 지금까지 말한 것은 나의 원통함과 격분됨이 많기 때문이니이다." 하는지라

:ㅓ 사람의 냄새 아기가 생겼어요!

결혼한 부부들은 아기에 대한 소망을 가지고 있습니다. 예쁘고 착한 아기를 낳아 훌륭하게 잘 키우고 싶은 소망입니다. 그런데 어떤 부부는 아직 원하지 않는데 임신이 되는 경우도 있고, 어떤 부부는 아기를 기다리는데 오랫동안 아기가 생기지 않는 경우도 있습니다.

아기를 갖고 싶은데 임신이 되지 않는 가정의 간절함과 안타까움은 참으로 큽니다. 부부 당사자뿐만 아니라 양쪽 집안 어른들은 더 안타깝게 기다립니다. 좋다는 약을 먹기도 하고, 때로는 인공수정이라는 방법을 동원하기도 합니다. 그런데도 아기를 낳지 못하는 사람들이 있습니다. 이들의 '기다림'은 상상 이상으로 간절합니다.

어떤 목사님이 자기가 담임하는 교회의 교인에게 식사를 대접받게 되었습니다. 그 교회의 교인 중 한 부부가 목사님에게 식사를 대접하는 자리였습니다. 목사님은 아직 이 성도의 가정에 대해서 자세히 알지 못하고 있었습니다.

목사님은 좋은 식당의 테이블에 앉아서 담소를 나누며 식사가 들어오기를 기다렸습니다. 이제 테이블에 식사가 차려졌습니다. 목사님은 식사기도를 겸해서 이 부부의 가정을 위해서 기도해주고 싶었습니다. 그래서 "자녀들을 위해서 기도해드리고 싶은데, 자녀가 몇 명인가요? 아이들의 이름은 무엇인가요?"하고 물었습니다.

이 부부는 목사님의 질문에 몹시 당황해 했습니다. 그리고 부인이 흐느껴 울기 시작했습니다. 그러면서 자신들의 이야기를 했습니다.

그들은 결혼 15년차 부부인데 아직 아기가 생기지 않았다는 것입니다. 결혼하고 지금까지 아기를 위해서 기도했습니다. 그리고 아기를 갖기 위해서 모든 의학적 노력을 동원했으나 아기는 생기지 않았습니다. 임신에 좋다는 약도 먹어보았고, 인공수정도 해보았으나 성공하지 못했다고 했습니다. 그런데도 아기를 가질 수 없었던 것입니다.

목사님은 남의 상처를 건드린 것 같아서 매우 미안한 마음이 들었습니다. 그래서 그 부부에게 잘 몰라서 실수를 했다고 사과를 했습니다. 그런 후에 두 부부를 위해서 기도를 해주었습니다. 이 부부에게 아기를 갖게 해달라고 간절하게 기도했습니다.

그 기도 후 이 부부는 꼭 1년 뒤에 아기를 안고 목사님을 찾아왔습니다. 하나님께서는 아기를 갖지 못하던 부부에게 아기를 주셨던 것입니다.

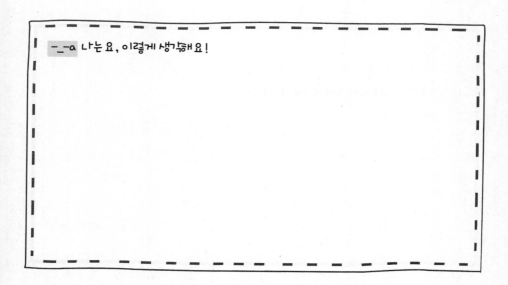

-_-a 나는요, 이렇게 생각해요!

:-O 예수의 향기 절박한 기도로 소망을 이루다

엘가나는 브닌나와 한나라는 두 명의 아내가 있었습니다. 엘가나는 한나를 더 사랑했지만, 브닌나가 여러 자녀를 낳을 동안 한나는 한 명의 자녀도 낳지 못했습니다. 아기를 낳지 못하는 것은 한나의 큰 콤플렉스였습니다. 그런데 브닌나는 자기보다 남편의 사랑을 더 많이 받는 한나를 질투하여 한나의 아픈 곳을 공격하곤 했습니다.

한 번은 엘가나가 가족 모두를 데리고 하나님께 제사하기 위하여 산당에 갔습니다. 하나님께 화목제를 드리고, 온 식구가 둘러 앉아 준비해 온 음식을 먹었습니다. 엘가나는 브닌나와 그의 자녀들보다 더 많은 음식을 한나에게 주었습니다. 이 모습을 보고 있던 브닌나는 화가 나서 참을 수가 없었습니다. 그래서 남편에게 불만을 터트렸고, 한나에게 소리를 지르며 아기를 낳지 못하는 여자의 아픈 곳을 찔러댔습니다.

남편 엘가나, 불평했던 브닌나, 공격의 대상이 되었던 한나, 모두 마음이 상했습니다. 산당에까지 와서 집안 망신을 당한 남편 엘가나도 화가 났고, 공격을 당한 한나도 화가 났습니다. 한나는 아기를 낳지 못하는 자신의 신세가 한스러웠고, 브닌나에게 무시 받는 것이 분하고 억울했습니다. 그래서 혼자 산당에 들어가 울면서 기도했습니다. 아기를 낳지 못하는 것에 대한 아픔, 멸시를 당하는 데 대한 억울함과 분노, 그리고 아기를 낳게 해달라는 간절한 소망이 뒤섞인 심정으로 절박한 기도했습니다.

엘리 제사장은 그녀가 술에 취해서 술주정하는 것처럼 보여서 꾸짖었습니다. 그러나 한나의 간절한 소망을 알게 되고는 그녀의 소망대로 임신을 위한 기도를 해주었습니다. 하나님께서는 엘리 제사장의 기도대로 한나가 소원하며 기다리던 '절대소망'인 아들을 낳게 해주셨습니다.

하나님은 우리의 절대소망을 이루어주시는 분이심을 기억합시다. 한나처럼 하나님과 '마음이 통하는' 기도를 할 수만 있다면 당신의 절대소망도 이루어질 것임을 믿으십시오.

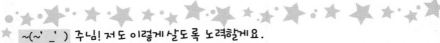

~(~ˊ_ˋ) 주님! 저도 이렇게 살도록 노력할게요.

사무엘상 1:17 ~ 20 / 소망에 대한 믿음, 근심 없는 얼굴

엘리가 대답하여 이르되 "평안히 가라 이스라엘의 하나님이 네가 기도하여 구한 것을 허락하시기를 원하노라." 하니, 이르되 "당신의 여종이 당신께 은혜 입기를 원하나이다." 하고 가서 먹고 얼굴에 다시는 근심 빛이 없더라.……한나가 임신하고 때가 이르매 아들을 낳아 ▢▢▢▢이라 이름하였으니 '이는 내가 ▢▢▢▢께 그를 구하였다' 함이더라.

히브리서 11 : 11 / 약속에 신실하신 하나님을 믿으라

믿음으로 사라 자신도 나이가 많아 단산하였으나 ▢▢할 수 있는 ▢을 얻었으니 이는 약속하신 이를 미쁘신 줄 알았음이라.

시편 127 : 3 ~ 5 / 여호와의 기업으로 태어난 나

보라! 자식들은 여호와의 ▢▢이요 태의 열매는 그의 ▢▢이로다. 젊은 자의 자식은 장사의 수중의 ▢▢ 같으니, 이것이 그의 화살통에 가득한 자는 복되도다. 그들이 성문에서 그들의 원수와 담판할 때에 수치를 당하지 아니하리로다.

6(^_^) 자신을 위한 기도

소망이 되시는 하나님 아버지!

하나님께서는 간절한 소망을 이루어주시는 분이십니다. 우리 집안의 간절한 소망의 응답으로 제가 세상에 태어났음을 믿습니다. 그 소망에 부끄럽기 않고 보람될 수 있도록 제가 잘 자라고 성공적인 인생을 살게 도와주세요. 또한 제가 절대소망을 갖게 될 때에 하나님께 기도할 수 있도록 해주시고, 하나님께서는 그 기도에 응답해주세요.

예수님 이름으로 기도합니다. – 아멘.

솔로몬의 절대소망

∧⌒∧ 성경말씀 열왕기상 3 : 3~5

솔로몬이 여호와를 사랑하고 그의 아버지 다윗의 법도를 행하였으나 산당에서 제사하며 분향하더라. 이에 왕이 제사하러 기브온으로 가니 거기는 산당이 큼이라. 솔로몬이 그 제단에 일천 번제를 드렸더니. 기브온에서 밤에 여호와께서 솔로몬의 꿈에 나타나시니라. 하나님이 이르시되 "내가 네게 무엇을 줄꼬? 너는 구하라.".

:-ㅣ 사람의 냄새 이루어지면 좋아지는 소원을 말하라

"내가 바라는 것은 200파운드의 돈이다!"

화이트 씨가 원숭이의 손을 들고서 말을 했습니다. 이 원숭이 손은 화이트 씨의 집을 방문했던 모리스 상사에게서 얻은 것인데, 인도의 고승이 세 사람에게 각각 세 가지 씩의 소원이 이루어지도록 주문을 걸어놓은 마른 원숭이의 손입니다. 그 마른 원숭이 손을 들고서 화이트 씨가 집을 수리하는데 필요한 200파운드가 생기기를 바라는 마음으로 소원을 말했습니다. 이 소원이 이루어질까요? 또 이루어지면 무조건 좋은 것일까요? 결론적으로 이 소원은 이루어졌습니다. 왜냐하면 소설이기 때문입니다. 이이야기는 윌리엄 W. 제이콥스의 〈원숭이의 손〉이라는 단편소설에 나오는 내용입니다.

화이트 씨의 소원은 이루어졌습니다. 그렇다면 화이트 씨에게 좋은 일이 생긴 것일까요? 아닙니다. 그는 돈에 대한 소원이 이루어진 대신에, 돈으로는 보상이 되지 않는 엄청난 대가를 치러야 했습니다. 그는 200파운드의 돈을 손에 쥐게 되었는데, 그것은 그의 아들의 죽음에 대한 위로금이었습니다. 아침에 출근한 아들이 공장에서 일을 하다가 사고가 나서 죽었는데, 그 죽음에 대한 위로금으로 받게 된 돈이었던 것입니다.

200파운드의 돈이 생긴다고 다 좋은 것은 아닙니다. 그 돈이 어떤 성격의 돈인지가 문제가 됩니다. 아들이 죽은 대가로 생긴 돈은 200파운드가 아니라 200억 파운드라고 해도 행복해 할 수 없는 것입니다.

소원이 이루어진다고 무조건 좋은 것은 아닙니다. 그것이 이루어졌을 때 더 행복한 것을 소원해야 합니다. 소원이 이루어진 결과만 중요한 것이 아닙니다. 그 소원이 이루어지는 과정까지도 행복할 수 있는 것이 참된 소원입니다.

영화 반지의 제왕은 세상을 지배할 수 있는 절대반지에 대한 탐욕을 그려내고 있습니다. 절대반지를 소유한 사람은 세상을 지배하는 권력을 갖게 되는 대신 악마의 노예가 되어야 합니다. 그런데도 사람들은 절대반지를 가지려고 싸웁니다. 주인공의 사명은 그 절대반지를 파괴하는 것인데, 그것은 하나님의 뜻과 일치하는 것입니다.

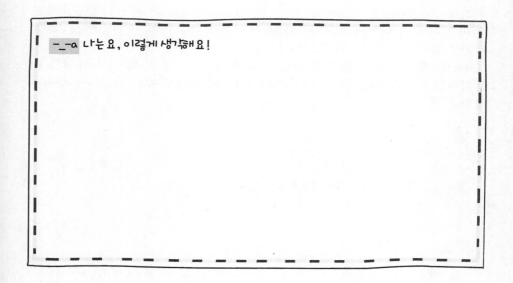

ㅡ_ㅡa 나는요, 이렇게 생각해요!

번제(소나 양 등 짐승을 희생제물로 잡아 제단 위에서 불에 태우는 방식으로 드리는 제사 방법)는 구약시대의 제사법으로 신약시대에는 없어진 제사법입니다.

솔로몬왕이 드린 '일천 번제'에 대하여 열왕기상의 말씀에서는 단지 '일천 번제'라고 말해서 '1,000번의 번제를 드렸다'는 뜻으로 해석될 가능성이 있습니다. 그러나 다른 여러 번역본 성경에서는 '1,000마리의 번제물'이라고 번역해 놓았습니다. 그리고 역대기도 "천 마리 희생으로 번제를 드렸더라"(대하 1:6)고 말씀하고 있습니다.

기브온산당이 다른 산당보다 더 큰 번제단을 가지고 있었기 때문에 솔로몬왕이 이 산당을 찾아서 번제를 드렸습니다. 한꺼번에 천 마리의 제물을 올려놓고 태울 수 있는 큰 번제단은 없습니다. 그렇다고 꼭 하루에 한 번의 번제와 한 마리의 희생물을 드리는 방식으로 1,000일이 걸린 것도 아닌 것은 확실합니다. 한 번에 몇 마리씩의 희생물을 올려놓고 번제를 드렸는지는 알 수 없지만, 상당히 여러 날에 걸쳐서 여러 번의 번제를 드린 것만은 확실합니다.

분명한 것은 천 마리의 희생물은 왕에게 걸맞도록 성의껏 준비한 제물이었다는 것입니다. 그리고 아직까지 이렇게 많은 제물을 바치며 제사를 드린 사람은 없었다는 것입니다. 솔로몬 왕이 간절한 소원을 가지고 하나님께 제사를 드린 것과 어우러져서 하나님의 응답과 복을 받게 된 것입니다.

기복적인 방법으로 하나님의 복을 구하기보다는 간절한 소원을 가지고, 자신의 신분과 재력에 걸맞는 성의를 다한 예물을 드리면서 예배를 드리십시오. 그러면 당신도 솔로몬왕처럼 하나님께서 만나주시는 사람이 될 것입니다.

하나님께서는 솔로몬의 정성과 간절한 소망을 보시고 솔로몬의 꿈에 나타나셨습니다. 그리고 소원이 무엇이냐고 물으셨습니다. 솔로몬은 백성을 잘 다스리고 재판하는 데 필요한 지혜를 소원한다고 대답하였습니다. 꿈에도 지혜를 구했다는 것은 그의 무의식까지 지배하는 간절한 소원이 지혜였다는 것을 말해줍니다. 이것은 좋은 왕이 되고 싶은 소망의 간절함을 보여주는 것이기도 합니다. 이 솔로몬의 소원이 하나님의 마음에 들었습니다. 그래서 하나님께서는 그의 소원대로 세상에서 가장 지혜로운 사람이 되게 해주셨습니다.

솔로몬의 절대소망! 그 소망이 이루어지면 솔로몬뿐만 아니라 모든 백성들과 하나님까지 모두가 행복해지는 참 좋은 소망이었습니다. 당신도 이런 소원을 소망으로 삼아 하나님께 구하는 사람이 되십시오.

~(~'_') 주님! 저도 이렇게 살도록 노력할게요.

야고보서 4 : 2~3 / 소원을 이루지 못하는 이유

……너희가 얻지 못함은 ▨ 하지 아니하기 때문이요, 구하여도 받지 못함은 ▨▨으로 쓰려고 잘못 구하기 때문이라.

요한복음 4 : 23~24 / 소원을 담은 예배

아버지께 참되게 예배하는 자들은 영과 진리로 예배할 때가 오나니 곧 이 때라. 아버지께서는 자기에게 이렇게 ▨▨ 하는 자들을 찾으시느니라. 하나님은 영이시니 예배하는 자가 ▨과 ▨▨로 예배할지니라.

시편 145 : 19 / 하나님이 소원을 이루어주시는 사람들

그는 자기를 ▨▨ 하는 자들의 ▨▨을 이루시며 또 그들의 ▨▨▨▨을 들으사 구원하시리로다.

6(^_^) 자신을 위한 기도

하나님 아버지!

많은 사람들이 예배드리지만 습관적으로, 형식적으로 드리는 사람들이 많은 것 같습니다. 저는 모든 예배를 소원을 가지고 간절한 마음으로 참여하도록 노력하겠습니다. 하나님께서 기뻐하실 예배자가 되게 도와주세요.

또한 소원을 가지고 사는 사람이 되게 해주세요. 나만 좋은 소원이 아니라 나와 이웃과 하나님이 함께 행복할 수 있는 소원을 구하게 도와주세요. 예수님 이름으로 기도합니다. – 아멘.

✎ 성경말씀 열왕기상 10 : 10, 13

이에 그가 금 일백이십 달란트와 심히 많은 향품과 보석을 왕에게 드렸으니 스바의 여왕이 솔로몬 왕에게 드린 것처럼 많은 향품이 다시 오지 아니하였더라. …솔로몬 왕이 왕의 규례대로 스바 여왕에게 물건을 준 외에 또 저의 소원대로 무릇 구하는 것을 주니 이에 저가 그 신복들로 더불어 본국으로 돌아갔더라.

:-」 사람의 냄새 세계 정상들의 선물 목록

국가 간의 정상들이 만날 때 빠지지 않는 것이 선물 교환입니다. 정상들끼리의 선물이라고 하면 뭔가 엄청난 것을 주고받을 것 같지만 실제는 그렇지 않습니다. 가격보다는 그 나라의 문화와 상대방에 대한 존중과 배려를 담은 선물을 준비하기 때문입니다.

우리나라 역대 대통령들은 중앙아프리카공화국 콜링바 대통령의 산돼지 이빨 한 쌍(전두환 전 대통령), 장쩌민 전 중국 국가주석의 벼루와 동양화(김영삼 전 대통령), 볼키아 브루나이 국왕의 모형 대포(김대중 전 대통령), 태국 탁신 전 총리의 초상화(노무현 전 대통령), 부시 미국 대통령의 가죽 재킷(이명박 대통령) 등을 선물로 받았습니다.

우리나라를 방문한 외국정상들에게 청와대가 준비하는 선물은 한국적인 아름다움과 특색이 담긴 한국의 상징물이 될 만한 금관, 거북선, 청자, 백자나 전통 공예품 등이었다고 합니다. 오바마 대통령에게는 특별 제작한 골프세트를 선물했습니다.

사우디아라비아 국왕은 통 큰 선물을 하는 것으로 정평이 나있습니다. 오바마 미국 대통령이 받은 가장 큰 선물도 압둘라 빈 압둘 아지즈 알-사우드 왕의 선물이었습니다. 그는 약 2억 원 상당의 금 야자나무와 금 낙타로 장식된 대리석 장신구 등을 선물했습니다. 오바마 대통령이 받은 가장 저렴한 선물은 마무드 압바스 팔레스타인 수반이 선물한 75달러 상당의 올리브기름이었습니다. 그러나 정상들 간에 주고받은 선물들은 대부분 개인이 갖지 못하고 국가 보관소에 보관됩니다. 선물이 아닌 뇌물로 국정에 영향을 끼칠 수 있어 법으로 정해 놓은 것입니다.

선물은 주는 사람도 받는 사람도 기분이 좋아야 합니다. 선물을 하면서 부담스럽고 흔쾌하지 않은 것은 선물이기보다는 뇌물이라고 할 수 있습니다. 어떤 유머는 선물과 뇌물의 차이를 이렇게 말했습니다.

'선'의로 받으면 선물, 받고나서 고'뇌'하게 되면 뇌물.

서서 받으면 선물, 앉아서 받으면 뇌물.

받았을 때 '어머~' 하면 선물, '와~우~ '하면 뇌물.

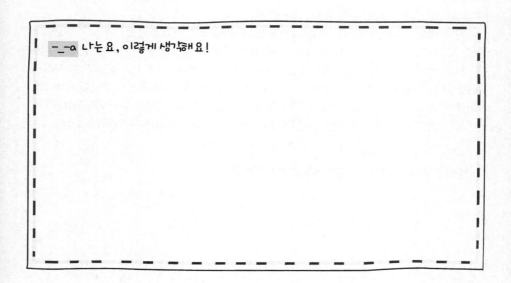

-_-a 나는요, 이렇게 생각해요!

스바의 여왕은 이스라엘이라는 먼 나라에 아주 지혜로운 왕이 있다는 소문을 듣게 되었습니다. 솔로몬 왕의 지혜에 대한 소문이 아프리카의 에티오피아의 옛 왕국인 스바(시바, 또는 사바)왕국의 여왕에게까지 전해진 것입니다. 여왕은 그 지혜로운 왕을 만나고 싶은 소원을 가지게 되었습니다. 그래서 많은 선물을 준비하여 솔로몬 왕을 찾아갔습니다.

스바 여왕은 금 120달란트, 심히 많은 보석, 많은 향품을 예물을 가져왔습니다. 선물을 많이 받아본 솔로몬왕도 이렇게 많은 예물을 받은 것은 처음이었습니다. 여왕은 두 번 놀랐습니다. 먼저는 크고 화려한 왕궁과 왕국의 제도와 문물과 제왕의 절대적인 권위에 놀랐습니다. 다음으로는 솔로몬 왕의 지혜에 놀랐습니다. 여왕은 솔로몬 왕을 어려운 질문으로 시험하고자 했으나, 솔로몬 왕은 모든 질문에 막히는 것 전혀 없이 논리적이고 고차원적인 대답을 하는 것이었습니다. 이에 여왕은 자기가 들어왔던 소문보다 갑절이나 더 지혜롭다고 솔로몬 왕을 칭송하며 우러러 보았습니다.

솔로몬 왕도 자기 나라로 돌아가는 스바 여왕에게 왕실의 규례대로 많은 예물을 주었습니다. 그런데 성경은 스바 여왕이 솔로몬왕에게 특별히 '원하는 것'이 있었고, 솔로몬왕은 그것을 주었다고 기록해놓았습니다. 그 '원하던 것'이 무엇일까요?

에티오피아의 역사 기록 의하면 여왕은 솔로몬 왕을 통해서, 솔로몬처럼 지혜로운 아들을 얻기를 소원했고, 솔로몬왕은 그 소원을 들어주었다고 합니다. 자신의 왕국으로 돌아온 스바 여왕은 소원대로 아들을 낳았습니다. 그가 메넬리크 1세로 에티오피아의 옛 제국인 악숨제국의 초대 황제가 되었다고 합니다.

에티오피아는 3,000년의 역사를 가지고 있는데, 그 기원이 솔로몬왕의 시대와 일치합니다. 1955년 개정된 에티오피아의 개정헌법 1조 2항에 '에티오피아의 공식 역사는 솔로몬과 스바의 여왕 사이에 태어난 메넬리크 1세로부터 시작되어 이어져 오고 있다'고 규정해 놓았다고 합니다. 유태계 로마 역사학자인 요세프스도 같은 내용을 기록해 놓았습니다.

스바의 여왕, 그녀는 자신이 준 선물보다 더 귀한 제국의 미래를 선물로 받았던 것입니다. 스바 여왕은 크고 튼튼한 제국을 건설하고자 하는 절대적인 소망을 가지고 있었던 것입니다. 솔로몬 왕은 그녀의 절대소망을 외면할 수가 없어 '제왕의 씨'를 주었다고 합니다. 또한 이스라엘의 12지파에서 유능한 자 1,000명 씩 12,000명을 딸려 보내어 제국의 기초를 세우는 것을 돕도록 했다고도 합니다. 지금도 에티오피아에는 팔라샤라는 유대혈통의 인종이 살고 있는데, 오래전부터 에티오피아에서 살아오고 있는 이 팔라샤가 솔로몬이 스바여왕을 위해서 보내준 사람들의 후손들이라고 합니다.

~(~'_') 주님! 저도 이렇게 살도록 노력할게요.

:-) 마음에 새기는 말씀

열왕기상 10 : 13 / 스바 여왕의 소원은 무엇일까?

솔로몬 왕이 왕의 규례대로 스바 여왕에게 물건을 준 외에 또 저의 ▢▢대로 무릇 ▢▢▢ ▢을 주니 이에 저가 그 신하들과 함께 본국으로 돌아갔더라.

예레미야 29 : 11~13 / 하나님을 만나면 이루어지는 소원

여호와의 말씀이니라. 너희를 향한 나의 생각을 내가 아나니 평안이요 재앙이 아니니라. 너희에게 ▢▢와 ▢▢을 주는 것이니라. 너희가 내게 부르짖으며 내게 와서 ▢▢하면 내가 너희들의 기도를 들을 것이요, 너희가 온 마음으로 나를 구하면 나를 찾을 것이요 나를 만나리라.

잠언 24 : 13~14 / 지혜가 있으면 소망이 끊어지지 않는다

내 아들아 ▢을 먹으라. 이것이 좋으니라. 송이꿀을 먹으라. 이것이 네 입에 다니라. ▢▢가 네 영혼에게 이와 같은 줄을 알라. 이것을 얻으면 정녕히 네 ▢▢가 있겠고 네 소망이 끊어지지 아니하리라.

6(^_^) 자신을 위한 기도

지혜의 신이신 하나님 아버지!

정확하게 그렇다고 말할 수는 없겠지만, 스바의 여왕은 자신의 제국의 미래를 위해서 '지혜로운 씨'를 소원했고, 그 소원을 이루었다고 합니다. 여왕의 소원대로 그녀의 아들은 제국을 세우고 수천 년의 역사를 이어갈 수 있는 든든한 기초를 세웠다고 합니다. 스바의 여왕이 자기 대에 호의호식하는 것으로 만족하지 않고, 제국의 미래를 위한 간절한 소원을 가지고 살았던 것을 배우게 도와주세요. 저도 현재의 나만을 위해서 구하지 않게 하시고, 나의 미래를 위한 씨앗이 될 수 있는 것을 구하는 지혜를 허락해주세요. 예수님 이름으로 기도합니다. – 아멘.

사르밧의 과부의 절대소망

성경말씀 열왕기상 17 : 12

그가 이르되 "당신의 하나님 여호와께서 살아 계심을 두고 맹세하노니 나는 떡이 없고 다만 통에 가루 한 움큼과 병에 기름 조금 뿐이라. 내가 나뭇가지 둘을 주워 다가 나와 내 아들을 위하여 음식을 만들어 먹고 그 후에는 죽으리라."

사람의 냄새 엄마는 왜 그랬을까?

여자의 남편은 건설 현장에서 노동을 하다가 3년 전에 일을 그만두었습니다. 사무직종으로 옮기겠다며 공부를 시작한 것인데, 덜컥 병에 걸려 누웠습니다. 일은커녕 공부도 계속할 수 없었습니다. 여자는 남편의 병간호는 홀시어머니한테 맡기고 식당일을 시작했습니다. 1년 반쯤 지나고 나니 다리가 후들거렸습니다. 선천적으로 뼈가 약한데다 무릎에 염증까지 생겼습니다. 의사는 빈혈까지 겹쳤으니 쉬라고 했습니다. 15만원 임대아파트 월세는 어느새 석 달째 밀려 있었습니다.

냉장고는 텅텅 비었고, 세 살 배기 딸이 좋아하는 우유를 살 돈도 없었습니다. 여자는 세일할 때 사 사두었던 세제와 샴푸를 환급하여 우유를 사려고 마트에 갔습니다. 그러나 마트에서는 영수증이 없다며 돈으로 환급해주지 않았습니다. 여자는 장바구니에 32,000원 어치의 우유와 요구르트를 넣었습니다. 그리고 계산을 하지 않고 나오다가 마트 주인에게 붙잡혔습니다. 여자는 경찰에 넘겨졌습니다. 여자는 딸이 냉장고에서 마음껏 우유를 꺼내 먹도록 하고 싶었다며 눈물을 흘렸습니다.

'어머니'는 자식이 굶주리는 것을 견디지 못합니다. 어머니는 자식의 생명을 위한 절대소망을 가지고 있습니다. 사람들은 이런 어머니의 행동에 대하여 정죄하지 않는 경향이 있습니다. 자식을 향한 어머니의 간절한 소망을 알기 때문입니다.

중국 광둥성에 어린 딸이 악성 망막 종양에 걸려 점차 시력을 잃어가고 있던 엄마가 있었습니다. 그러나 여자는 딸의 수술비가 없었습니다. 딸은 점점 죽음으로 다가 가고 있었습니다. 누군가 이 여인의 딱한 사정을 인터넷의 한 사이트에 올렸습니다. 그러자

'부잣집 아들'이라는 아이디의 남성이 "엄마가 아기를 안고 무릎을 꿇은 채 광둥성의 번화가 1Km를 기어가면 2만 위안(약 340만원)을 주겠다."고 제안을 했습니다. 아기 엄마는 주저하지 않고 아기를 안고 광둥성 대로변에 나가서 "딸을 살려 달라."고 눈물을 흘리며 1Km를 기었습니다. 하지만 '부잣집 아들'은 결국 나타나지 않았습니다. 이 사연을 접한 네티즌들은 그녀의 모성에 안타까움을 표하며 돈을 보내주었습니다. 돈은 이틀 동안 28만 위안(약 4,760만원)이 모였습니다. '부잣집 아들'이 약속했던 것보다 14배나 더 많은 돈이 생겼습니다. 이제 딸을 수술해 줄 수 있게 되었습니다. 그런데 이 사건의 이면이 폭로되면서 아기의 생명이 다시 위기를 만났습니다.

이런 기사와 성금을 예상한 '부잣집 아들'이 성금을 나누자며 제안을 했다는 것이 폭로된 것입니다. 여인은 오직 아기를 수술할 생각으로 그 제안을 따랐던 것입니다. 이런 일까지 세상에 드러났지만, 사람들은 여자를 비난하지 않았습니다. "아픈 아이를 보는 엄마의 심정으로 충분히 할 수 있는 행동"이라며 '엄마'의 마음을 이해했기 때문입니다.

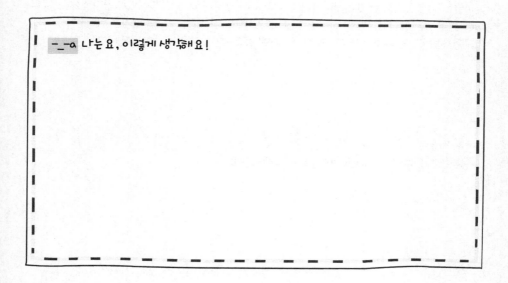

-_-a 나는요, 이렇게 생각해요!

:–ㅇ 예수의 향기 자식의 생명을 위한 엄마의 소망

사르밧의 과부와 그녀의 외아들은 참으로 힘든 상황을 만났습니다. 몇 년 간의 극심한 가뭄이 있었고, 이제 더 이상의 양식을 기대할 수 없는 상황에서 마지막 한 끼 분량의 양식만 남았습니다. 그녀는 그 마지막 남은 한줌의 가루와 바닥에 남은 기름으로 마지막 떡을 만들어 자식들과 함께 마지막 식사를 할 참이었습니다. 그 마지막 식사를 위한 불을 지피기 위해서 나뭇가지 두어 개를 줍고 있는 중이었습니다. 이 극한의 상황에서 자식의 죽음을 예견하며 지켜볼 수밖에 없는 엄마의 심정은 말로 표현할 수 없도록 아프고 슬펐습니다.

그때 하나님의 보내심을 받은 엘리야 선지자가 그녀에게 왔습니다. 선지자는 그녀와 그녀가 생명보다 더 사랑하는 자식이 먹을 마지막 식사 중에서, 떡 한 개를 먼저 만들어 자기에게 달라고 합니다. 자식의 생명을 조금이나마 더 연장해줄 떡을 나누어 준다는 것은 참으로 어려운 일입니다.

"이스라엘 하나님 여호와의 말씀이 나 여호와가 비를 지면에 내리는 날까지 그 통의 가루는 다하지 아니하고 그 병의 기름은 없어지지 아니하리라 하셨느니라."(왕상 17:14).

엄마는 선택을 해야 했습니다. 엘리야 선지자의 말을 믿을 것이냐, 말 것이냐? 떡을 나누어 줄 것이냐, 말 것이냐? 인간적으로는, 더욱이 엄마로서는 남에게 떡을 내줄 수가 없습니다. 그런데 선지자의 말에는 아들의 생명을 살릴 수 있는 소망이 담겨져 있습니다. 선지자는 아들의 생명을 살릴 수 있는 절대소망을 담아 여인을 시험하고 있는 것입니다.

마지막 떡까지 아들에게 준다고 해도, 아들의 죽음을 조금 더 연장하는 것 외에 더 큰 의미는 없습니다. 결국은 죽게 되어 있습니다. 그러나 선지자의 말이 진짜라면 아들의 생명을 살릴 수 있습니다. 여인은 소망이 있는 쪽을 선택했습니다. 선지자의 요구에 순종했습니다. 그 소망에 의한 순종으로 과부의 통의 가루와 병의 기름은 가뭄이 끝날 때까지 떨어지지 않았습니다.

우리가 매일 매끼마다 먹는 음식에는 우리 부모님들의 자녀에 대한 절대소망이 담겨져 있습니다. 그야말로 '생명의 양식'입니다. 자녀의 생명, 미래, 기대가 담겨 있는 부모의 절대소망이 담겨진 밥입니다. 밥을 먹을 때마다 일용할 양식을 주신 하나님께도 감사하지만, 나의 생명을 위해서 수고롭게 일하면서 밥을 공급해주는 부모님의 자녀에 대한 절대소망도 기억해야 할 것입니다.

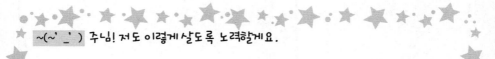

~(~'_') 주님! 저도 이렇게 살도록 노력할게요.

:-) 마음에 새기는 말씀

누가복음 4 : 25~27 / 많은 과부들 중에서 그녀에게 보냄을 받은 이유는?

내가 참으로 너희에게 이르노니 엘리야 시대에 하늘이 삼 년 육 개월 간 닫히어 온 땅에 큰 흉년이 들었을 때에 이스라엘에 　　　가 있었으되, 엘리야가 그 중 한 사람에게도 보내심을 받지 않고 오직 시돈 땅에 있는 사렙다의 　　에게 뿐이었으며, 또 선지자 엘리사 때에 이스라엘에 많은 나병환자가 있었으되 그 중의 한 사람도 깨끗함을 얻지 못하고 오직 수리아 사람 　　　뿐이었느니라.

열왕기상 17 : 13~16 / 말씀에 순종한 결과

엘리야가 그에게 이르되 "두려워하지 말고 가서 네 말대로 하려니와 　　그것으로 나를 위하여 작은 떡 한 개를 만들어 내게로 가져오고 　　에 너와 네 아들을 위하여 만들라. 이스라엘 하나님 여호와의 말씀이 '나 여호와가 비를 지면에 내리는 날까지 그 통의 가루가 떨어지지 아니하고 그 병의 기름은 없어지지 아니하리라' 하셨느니라." 그가 가서 엘리야의 말대로 하였더니 그와 엘리야와 그이 식구가 여러 날 먹었으나, 여호와께서 엘리야를 통하여 하신 말씀 같이 통의 가루가 떨어지지 아니하고 병의 기름이 없어지지 아니하니라.

예레미야 애가 2 : 19 / 자녀를 위해서 바라보아야 하는 것은?

초저녁에 일어나 부르짖을지어다. 네 마음을 주의 얼굴 앞에 물 쏟듯 할지어다. 각 길 어귀에서 주려 기진한 네 어린 자녀들의 　　을 위하여 주를 향하여 　을 들지어다 하였도다.

6(^_^) 자신을 위한 기도

하나님 아버지!

세상에는 아직도 사르밧 과부처럼 양식의 한계상황 속에서 빵 한 개가 없어서 죽어가는 사람들이 많습니다. 세상의 기아문제를 해결해주시고, 제가 저의 가족들과 함께 매일 먹고 살 수 있음에 감사할 수 있도록, 식탁을 대할 때마다 생명 같은 음식을 귀하게 여기며 감사기도를 드리며 살도록 해주세요.

예수님 이름으로 기도합니다. – 아멘.

엘리사의 절대소망

성경말씀 열왕기하 2: 9

…엘리야가 엘리사에게 이르되 "나를 네게서 데려감을 당하기 전에 내가 네게 어떻게 할지를 구하라.". 엘리사가 이르되 "당신의 성령이 하시는 역사가 갑절이나 내게 있게 하소서." 하는지라

사람의 냄새 요즘 학생들이 선생님에게 바라는 것은?

학생들이 선생님에게 바라는 것!

사실, 바라는 거 없다. 그냥 조회종례 일찍 끝내주고, 상담한답시고 붙잡아서 잔소리 줄줄 늘어놓지 않고, 그 정도면 된다. 신경 쓰지도 말고 피곤하게 건드리지 말고, 최대한 편하게 놓아주는 것. 무관심이 약이다. (선생이 애들한테 보이는 관심이란 오직 애들의 성적에 대한 것뿐일 때가 많고, 이런 유의 관심은 대개 '깜지 시키기' '야자강요' 등 차라리 안 받는 게 나은 무시무시한 형태로 나타난다-_-). … 사실 바라는 게 아예 없는 건 아니다. 하지만 이 바라는 게 이루어질 확률이 거의 제로인지라 기대를 안 한다. 선생'님'들에게 무언가를 기대하지 않는다.

아이들은 더 이상 선생'님'을 존경하지 않는다. "내 인생의 스승님, 존경하는 선생님", 다 옛일이다. 스승의 날 파티는 해야 하니까 준비하는 형식적인 행사일 뿐이고, 스승의 은혜를 부르는 목소리 어디에도 '감사함' 같은 건 담겨있지 않다. 애들 뒷담에 상처 받아 본 교사가 많을 것이라 생각한다. 이번 해 만난 담임이 반애들과의 소통을 포기해가는 과정을 보면서, 쪼끔 담임 입장을 헤아려보면 쟤도 힘들다는 걸 알 텐데 애들이 참 이기적이구나 하는 생각을 했었다. 음, 그렇다고 반애들을 탓하는 건 아니다. 담임을 포기하게 만든 아이들의 태도는 그들이 가진 이기심의 문제라기보다는 그간 학교를 다니며 쌓아온 선생들에 대한 '벽'의 문제였으니까. 다른 원인도 많지만, 선생 일반에 대해 갖고 있는 뿌리 깊은 불신 때문에 무슨 말을 하든

지루해 죽겠다는 눈부터 하고 마음을 열지 않았던 것이 더 우선이었다. 그리고 이 불신의 벽을 쌓은 건, 다름 아닌 선생들 자신이었다.

어차피 학생들도 스승을 기대하지 않으니, 대충 진도 빼는 걸로 하루하루를 나도 욕 할 사람 별로 없다. 그게 싫다면, '사람을 가르친다'라는 자신의 일에 제대로 책임지고 싶다면, 이루어질 확률이 거의 제로인지라 말하지 않으려 했던 '선생'님'들에게 바라는 것들에 관한 얘길 들어주었으면 싶다.(강원교육연구소가 펴내서 게시한 고3학생의 글 중에서 일부 옮김)

위의 학생은 선생님들에게 영감 같은 것을 요구하지 않습니다. 단지 무관심해 줄 것을 요구할 뿐입니다. 이것은 어쩌면 너무나 간절히 영감을 기대하는 소망에 대한 역설적인 표현일 수도 있습니다. 영감은 불어넣어주지 못하고 오직 높은 성적만 강요하는 선생님들에 대하여 실망했기 때문에 차라리 무관심하기를 바라는 것입니다.

오늘의 학교에서 '교사'로 만나는 선생님들에게서 학생들이 바라는 것과 선생님들이 '학생'으로 만나는 제자들에게 주고 싶은 가르침은 이상과 현실의 차이가 큽니다. '사람'과 '진리'를 가르치고 배우고 싶은데 현실은 성적과 입시에 초점이 맞추어져 있습니다. 그렇기 때문에 선생님들도 학생들도 서로에게 '스승'과 '제자'를 기대하지 못하게 되었습니다.

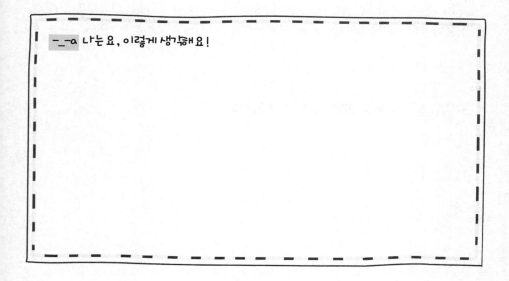

-_-o 나는요, 이렇게 생각해요!

:-O 예수의 향기 영감을 얻기 위한 소망

하나님께서는 엘리야 선지자에게 엘리사에게 기름을 부어 엘리야 자신을 대신하는 선지자로 세우라고 말씀하셨습니다. 엘리야와 엘리사는 하나님께서 맺어준 스승과 제자였습니다.

엘리야는 하나님의 말씀대로 엘리사를 찾아갔습니다. 그때 엘리사는 소 12마리를 앞세우고 밭을 갈고 있었습니다. 엘리야는 아무 말도 하지 않고 열두 번째 소의 곁에서 밭을 갈고 있는 엘리사에게 자신의 겉옷을 벗어 던졌습니다. 엘리사는 그것이 자신을 제자로 부르고 있는 줄 알았습니다. 엘리사는 집으로 가서 소 한 마리를 잡아 가족과 동네 사람들을 대접하며 알고 지내던 모든 사람들과 작별 인사를 하고 엘리야를 따라갔습니다.

엘리야를 스승으로 삼은 엘리사는 충심으로 따르며 섬기며 배웠습니다. 이제는 엘리사도 하나님의 선지자였고, 영적인 능력도 많아졌습니다. 그러나 엘리사는 자기 스승이 자기보다 더 영적인 능력이 크다는 것을 알고 있었습니다. 그는 스승보다 더 큰 영력을 가지기를 소망했습니다.

하나님께서는 엘리야를 산 채로 하늘로 올리실 계획을 알려주셨습니다. 이제 하늘로 들림을 받기 직전에 엘리야 선지자는 제자 엘리사에게 "내가 뭘 해주기를 바라느냐?"고 물었습니다. 그랬더니 엘리사는 스승이 가지고 있는 영감보다 갑절이나 많은 영감을 가지기를 원한다고 했습니다. 엘리사는 스승이 가지고 있던 '어떤 것'도 원하지 않았습니다. 그는 오로지 자기 스승님을 능력 있게 만들어주는 하나님의 영감(영적인 능력)을 구했습니다. 그것도 스승님보다 갑절이나 많은 영감을 갖기를 소망한다고 말했습니다. 영감은 선지자에게 꼭 필요한 것이고, 가장 필요한 것입니다. 영적인 제자가 영적인 스승에게 바라는 참된 소망입니다. 이 절대소망은 엘리야가 하늘로 올라가는 순간에 이루어졌습니다. 엘리야는 자기의 겉옷을 벗어 엘리사에게 던져주고 하늘로 올라갔습니다. 그 겉옷을 입고 엘리사는 영감과 능력이 충만한 선지자가 되었습니다. 엘리사는 어떤 선지자보다도 더 많은 기적을 행할 수 있었습니다.

당신은 학교 선생님에게, 교회 목사님에게, 세상의 '선생님'들에게 무엇을 바라고 있나요? 참된 '선생'에 대한 소망을 버리지도 말고, '선생'을 찾았으면 제대로 된 배움을 구하십시오.

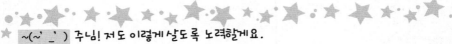

~(~'_') 주님! 저도 이렇게 살도록 노력할게요.

:-) **마음에 새기는 말씀**

잠언 5 : 11~14 / 스승의 꾸지람을 가벼이 여기면

두렵건대 마지막에 이르러 네 몸, 네 육체가 쇠약할 때에 네가 한탄하여 말하기를 "내가 어찌하여 훈계를 싫어하며 내 마음이 꾸지람을 가벼이 여기고, 내 ⬜⬜의 ⬜⬜를 청종하지 아니하며 나를 가르치는 이에게 귀를 기울이지 아니하였던 고? 많은 무리들이 모인 중에서 큰 악에 빠지게 되었었노라." 하게 될까 염려하노라.

마태복음 10 : 24, 25 / 선생님만큼 된 제자

⬜⬜가 그 ⬜⬜보다, 또는 종이 그 상전보다 높지 못하나니, ⬜⬜가 그 같고 종이 그 상전 같으면 족하도다······.

전도서 12 : 11 / 잘 박힌 못 같은 스승의 말씀

지혜자의 말씀들은 찌르는 채찍들 같고 회중의 ⬜⬜들의 ⬜⬜들은 잘 박힌 ⬜ 같으니 다 한 목자의 주신 바이니라.

6(^_^) 자신을 위한 기도

우리의 스승 되시는 하나님!
하나님께서는 참된 것을 우리에게 가르쳐주십니다. 주님을 스승으로 삼는 제가 되게 도와주시고, 하나님께 물질, 세속적인 복만 구하지 않게 하시고, 참된 사람으로 참된 삶을 살고, 진리를 깨닫고 영원한 삶을 구하는 참된 그리스도의 제자로 살게 도와주세요. 예수님 이름으로 기도합니다. – 아멘.

성경말씀 열왕기하 5 : 4~5

나아만이 들어가서 그의 주인(아람의 왕)께 아뢰어 이르되 "이스라엘 땅에서 온 소녀의 말이 이러이러하더이다." 하니, 아람 왕이 이르되 "갈지어다. 이제 내가 이스라엘 왕에게 글을 보내리라." 하더라. 나아만이 곧 떠날 새 은 십 달란트와 금 육천 개와 의복 열 벌을 가지고 가서

사람의 냄새 *말에발목 잡힌 사람*

대학교수, 대학총장, 대기업 사외이사, 장관을 모두 해보았던 어떤 사람이 대한민국 최고의 직업은 국회의원이라고 말했습니다. 금뱃지를 단 대한민국의 국회의원에게 주어지는 특혜와 누릴 수 있는 특권이 상상 이상으로 크고 많기 때문입니다.

국회의원에게 주어지는 것들 : 148.5㎡의 전용 집무실, 1억 원이 훨씬 넘는 연봉, 1년에 1억 5천만 원(선거가 있는 해에는 3억 원)의 정치자금 모금 가능, 철도 항공 선박 등 무료 사용, 장차관급 의전을 받으며 공항귀빈실 이용, 국내 모든 골프장 회원값으로 사용 가능, 전용차와 차량 운영비 기름값, 사무실 운영비, 년 2회 해외 출장과 그 경비 국가 제공, 단 하루라도 국회의원을 했으면 65세부터 평생 매월 120만원의 연금 수령, 현행범이 아니면 어떤 범죄를 해도 회기 중에는 체포되지 않는 불체포특권, 어떤 말을 해도 책임을 묻지 않는 면책특권이 있으며, 국정 감사권이 있어 감사받는 기관의 장이나 정부 부처의 장관에게까지도 호통을 치는 엄청난 권위가 국회의원에게 주어집니다.

게다가 국회의원 한 사람에게는 4급(연봉 6000만원 이상) 2명, 5급(연봉 5000만원 이상) 2명, 6급(연봉 3,600만원 이상) 1명, 7급(연봉 3천만원 이상) 1명, 9급(연봉 2,400만원 이상) 1명, 월급 120만원의 인턴 2명의 보좌관과 비서진을 둘 수 있

44

는데, 자기 마음대로 임명하면 공무원이 되고 국가에서 월급을 주게 됩니다.

　이런 엄청난 국회의원을 손에 쥐었다가 놓쳐버린 사람이 있습니다. 제19대 총선 때 서울 노원갑의 김용민 후보는 선고 초반에는 당선이 거의 확실시 되었습니다. 그러나 선거 막바지에 이르러서 '막말파문'이 일어났습니다. 7~8년 전 인터넷 방송을 진행하면서 했던 추하고 살벌한 막말들이 '막말동영상'으로 재생되었던 것입니다. 결국 그는 대부분 민주당이 국회의원에 당선된 서울의 선거에서, 과거에 했던 막말 때문에 새누리당 후보에게 국회의원 자리를 넘겨주고 말았습니다.

　우리가 하는 말과 글이 다 기록으로 남는 시대가 되었습니다. 좋은 말을 하고, 좋은 말에 반응하며 살아야 행복한 인생을 만들어 줍니다.

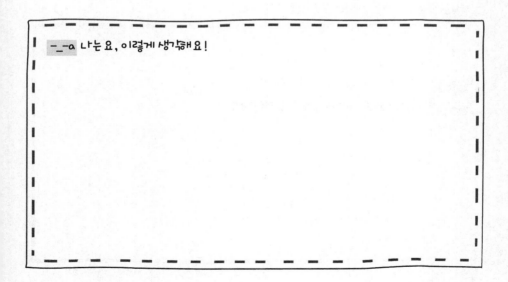

-_-ㅁ 나는요, 이렇게 생각해요!

:–O 예수의 향기 소망이 담긴 말 받아들이기

말(言)은 단지 자기의 생각을 전달하는 수단으로만 사용되지 않습니다. 말에 주장을 담기도 하고, 참과 거짓을 담기도 합니다. 그래서 옳은 말 그른 말도 있고, 참말과 거짓말도 있습니다. 받아들여야 하는 말도 있고 받아들이지 말아야 하는 말도 있기 때문에 듣는 사람의 지혜가 필요합니다.

말을 듣는 사람이 흔히 범하게 되는 잘못이, 자기가 들은 말이 〈어떤 말이냐?〉보다는 〈누가 한 말이냐?〉에 따라서 받아들이기도 하고 무시하기도 한다는 것입니다. 그 말 자체의 내용의 진위보다는 말하는 사람에 따라서 믿기도 하고 못 믿기도 한다는 것입니다. 그러나 그것이 누구의 말이든 옳은 말이면 수용하고 그른 말이면 거부해야 합니다. 이런 사람이 '들을 수 있는 귀'를 가진 사람입니다.

나병에 걸린 나아만 장군에게 '사마리아로 엘리사 선지자를 찾아가면 고칠 수 있다'는 말을 한 사람은 나이 어린 여종이었습니다. 아주 작은 사람의 말이었습니다. 그녀의 말을 무시한다고 해도, 그녀를 무시한다고 해도 여종은 불평조차 할 수 없는 입장에 있습니다. 그러나 나아만 장군은 작은 사람 여종의 말에서 자신의 인생을 좌우할 소망을 발견했습니다. 그래서 여종의 말을 받아들였습니다. 그는 많은 선물을 준비해가지고, 엘리사를 찾아 이스라엘의 수도 사마리아로 갔습니다. 그리고 결국 소망대로 자기의 병을 고쳤고, 새로운 인생을 살게 되었습니다.

우리는 살아가면서 많은 말들을 듣게 됩니다. 그 말들 중에서 우리가 무시하고 의미를 두지 않은 많은 말들이 있습니다. 그런데 우리가 버린 말들 중에는 우리가 그 말을 들었다면 인생이 바뀌고 큰 복을 받을 수 있는 소망의 말들도 있었습니다. 반면에 우리가 아주 중요하다고 생각해서 따랐던 말들 중에서 따르지 말았어야 하는 말들도 있었습니다. 버렸어야 할 그 말 때문에 실패하고 불행해진 말들도 있었습니다.

이제 〈누가 한 말이냐?〉가 아니라 〈어떤 말이냐?〉를 가지고 제대로 판단하고, 받아들이고 버리는 '들을 귀 있는' 사람이 되어야 하겠습니다. 특히 성경말씀에 담겨져 있는 소망을 발견하고 따르는 사람은 말씀의 능력을 체험하게 될 것입니다.

~(~'_') 주님! 저도 이렇게 살도록 노력할게요.

에스겔 20 : 10~12 / 순종하면 삶을 얻을 하나님의 말씀

그러므로 내가 그들을 애굽 땅에서 나와서 광야에 이르게 하고, ▢▢이 ▢▢하면 그로 말미암아 ▢을 얻을 내 율례를 주며 내 규례를 알게 하였고, 또 내가 그들을 거룩하게 하는 여호와인 줄 알게 하려고 내 안식일을 주어 그들과 나 사이에 표징을 삼았노라.

시편 146 : 3~5 / 하나님께 소망을 두는 자의 복

▢▢들을 의지하지 말며 도울 힘이 없는 ▢▢도 의지하지 말지니, 그의 호흡이 끊어지면 흙으로 돌아가서 그 날에 그의 생각이 소멸하리로다. 야곱의 ▢▢을 자기의 ▢▢으로 삼으며 여호와 자기 하나님에게 자기의 ▢▢을 두는 자는 복이 있도다.

로마서 15 : 13 / 소망이 넘치게 하시는 하나님

▢▢의 하나님이 모든 ▢▢과 ▢▢을 믿음 안에서 너희에게 ▢▢하게 하사 ▢▢의 능력으로 ▢▢이 넘치게 하시기를 원하노라.

6(^_^) 자신을 위한 기도

우리에게 말씀해주시는 하나님 아버지!

저에게 들을 수 있는 귀를 허락해주세요. 제가 듣는 말들 중에서 옳고 그름, 참과 거짓을 잘 분별할 수 있는 지혜를 주세요. 나를 위한 소망이 담겨져 있는 말을 알아보고 받아들일 수 있게 도와주세요. 버려야 하는 말에 속아서 실패하지 않도록 도와주시고, 받아들이고 따라야 하는 말을 잘 받아들여서 복되고 성공적인 인생을 살 수 있게 도와주세요. 예수님 이름으로 기도합니다. - 아멘.

동방박사들의 절대소망

성경말씀 마태복음 2 : 9∼10

박사들이 왕의 말을 듣고 갈새 동방에서 보던 그 별이 문득 앞서 인도하여 가다가 아기 있는 곳 위에 머물러 서 있는지라. 그들이 별을 보고 매우 크게 기뻐하고 기뻐하더라.

사람의 냄새 도를 아십니까?

"쌀을 좀 내라고 하더라고요, 쌀을. 치성 값으로 550만원을 내라고 해요. 처음에는 벌벌 떨리고 눈물이 막 나더라고요. 저에게는 너무 큰 돈이기 때문에... 그것도 남편 모르게 하라고 하니까, 막 떨리면서 눈물을 흘리니까, 할 수 있다고, 550만원이 큰 돈이 아니라고, 집안에 우환이 생기고 그러면 그 돈 지금 여기에 안 써도 언젠가는 나간다고 해요. 우환으로 해서..."

지하철역에서 "도를 아십니까?" "집안에 아픈 사람 있습니까?" 하면서 접근한 사람을 따라 갔다가 우환을 없애는 치성을 드려준다면서 50만원부터 시작해서, 점점 높은 액수를 요구했습니다. "남편에게 단명사주가 들었기 때문에 정성을 더 바쳐야 한다." "당신 때문에 집안에 우환이 생긴다."는 등의 는 말에 수천만 원을 주었고, 살림이 펑크가나서 가정불화가 생겼고, 결국 집을 나가서 대순진리회 포교원에서 생활하게 된 사람의 사연입니다.

아내가 별 이유도 없이 갑자기 가출했는데, 통장이나 카드빚이 많아졌으면 대부분 대순진리회 쪽과 연관된 가출이라는 것이 경찰측의 증언입니다.

'도(道, 진리)'라는 말을 쉽게 입에 올리는 사람들은 사기꾼입니다. 도를 말하면서 돈을 요구하는 사람은 백 퍼센트 사기꾼입니다. 진정한 구도자에게는 '진리'외에는 별로 중요하게 여겨지는 것이 없습니다. "아침에 도를 들으면(깨우치면) 저녁에 죽어도 좋다."는 공자의 말이 구도자의 심정을 잘 말해주고 있습니다.

종교지도자들(목사, 신부, 스님, 법사)은 어느 정도는 구도자의 자세를 갖고 살아야 합니다. "재보다 잿밥"이라는 말처럼, 진리를 전하는 종교 활동 보다 종교적 활동을 부, 성공, 성취, 명예, 권력, 쾌락을 얻기 위한 수단으로 삼는 사람들은 절대로 구도자가 될 수도 없고, 진정한 종교지도자가 될 수 없습니다.

-_-a 나는요, 이렇게 생각해요!

동방박사들이야말로 도를 찾던 사람들입니다. 하늘의 별을 연구하던 동방의 박사들은 참된 구도자적인 모습을 보여주었습니다.

어느 날 밤, 하늘의 별을 바라보던 동방의 박사들은 별을 통해서 세상에 '큰 왕'이 오셨음을 알게 되었습니다. 그 별이 상징하는 왕은 지금까지 세상에 있었던 다른 왕들 같은 그런 왕이 아니었습니다. 지금까지 볼 수 없었던 위대한 왕의 탄생을 알리는 별이었습니다. 그들은 세상의 큰 왕이 오심을 알고는 그냥 있을 수가 없었습니다. 그래서 그 '큰 왕'을 찾아 경배하기 위해서 먼 길을 떠났습니다.

동방의 박사들은 먼저 큰 왕을 위한 예물을 준비했습니다. 세 사람의 박사들이 준비한 예물은 황금, 유향, 그리고 몰약이었습니다. (마르코 폴로는 동방견문록에, 동방박사무덤의 비문에 세 사람의 이름이 발타잘(Balthasar), 자스팔(Jaspar), 멜키올(Melchior)로 기록되어 있었다고 합니다.) 세 가지 선물은 모두 값지고 진귀한 것들이었습니다. 큰 왕과의 만남을 소홀히 할 수는 없기 때문에 그들은 가장 귀한 것으로 준비했습니다. 예물이 준비되자 박사들은 큰 왕과의 만남에 설레는 가슴을 가지고 길을 떠났습니다. 그들은 별이 가리키는 곳을 향해서 오랜 여행을 했습니다.

성탄절이 되면 동방박사 세 사람에 대한 설교도 하고 연극도 합니다. 그런데 대부분 동방박사들이 마굿간에서 구유에 누워있는 아기 예수님을 만나서 경배하는 것으로 그려집니다. 그러나 성경은 동방박사들이 언제 어디서 예수님을 만나 경배했는지에 대해서 기록해 놓지는 않았습니다. 다만 예수님이 탄생하고 나서 2년은 안 되었지만 상당한 시일이 지난 후에 만났던 것을 알 수 있습니다.

동방박사들이 베들레헴에서 예수님을 만나고 돌아간 후에, 헤롯왕은 왕으로 태어난 아기를 죽이려고 베들레헴의 두 살 아래의 남자 아기들을 모두 죽였습니다. 여기서 알 수 있는 것은, 예수 그리스도가 태어나서 아직 2년은 지나지 않았지만 그래도 상당한 시일이 지난 때라는 것입니다. 또한 동방박사들이 예수님을 만나서 경배했던 곳은 마구간이 아니라는 것을 알 수 있습니다. 예수님이 태어나서 최소한 몇 달에서 일 년 정도를 계속 마굿간 구유에 누워서 생활한 것은 아닐 것이기 때문입니다.

동방박사들에게 세상에 태어난 '큰 왕'은 그들이 찾던 '도'였고 '진리'였습니다. 그들은 그 절대진리인 큰 왕을 만나는 절대소망을 가지고 있었습니다. 그래서 오랜 여정을 마다하지 않았던 것입니다. 그들은 어렵게 어린 그리스도를 만나보았습니다. 그 아기는 '큰 왕'이었고, 하나님께서 세상을 구원하러 보내신 '구원의 진리'였습니다. 진리를 만난 동방박사들은 아기 모습으로 있는 왕에게 경배하고 준비해온 예물을 드렸습니다. 그리고 만족하여 돌아갔습니다. 절대소망을 이루었기 때문입니다.

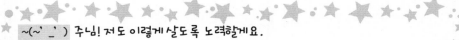

~(~ˇ_ˇ) 주님! 저도 이렇게 살도록 노력할게요.

디모데전서 2 : 4, 5 / 하나님이 원하시는 것

하나님은 모든 사람이 ☐☐☐을 받으며 ☐☐☐를 아는 데 이르기를 원하시느니라. 하나님은 한 분이시요 또 하나님과 사람 사이에 중보도 한 분이시니 곧 사람이신 그리스도 예수라.

요한복음 8 : 31, 32 / 자유를 주는 진리

그러므로 예수께서 자기를 믿은 유대인들에게 이르시되 "너희가 내 ☐에 거하면 참 내 ☐☐가 되고, 진리를 알지니 ☐☐가 너희를 ☐☐롭게 하리라."

요한복음 14 : 6 / 예수님 = ?

예수께서 이르시대 "내가 곧 ☐이요 ☐☐요 ☐☐이니 나로 말미암지 않고는 아버지께로 올 자가 없느니라."

6(^_^) 자신을 위한 기도

진리가 되시는 주님!

진리 되시는 예수님을 알게 하시니 감사합니다. 예수님은 구원을 위한 길과 진리가 되신다고 말씀해주셨습니다. 죄를 벗고 의를 입는 진리이십니다. 죄인이 구원을 얻는 복음의 진리이십니다. 땅에서 하늘을 이어주는 진리이십니다. 이 진리 되신 예수님을 마음에 모시고, 진리를 가진 사람으로, 예수님이 원하시는 삶을 살 수 있도록 이끌어주세요. 예수님 이름으로 기도합니다. – 아멘.

신^ 성경말씀 요한계시록 22 : 20~21

이것들을 증언하신 이가 이르시되 "내가 진실로 속히 오리라" 하시거늘 "아멘, 주 예수여 오시옵소서!" 주 예수의 은혜가 모든 자들에게 있을지어다. 아멘.

:-1 사람의 냄새 인생의 마지막 식사

최후의 만찬은 예수님께서 돌아가시기 전 마지막으로 한 식사를 가리킵니다. 예수님께서는 세상에서의 마지막 식사를 미리 아셨습니다. 그 마지막 식사에서 제자들과 함께 음식을 나누었습니다. 그것이 마지막 식사가 될 것을 아시고, 미리 준비시켰습니다. 그리고 제자들의 발을 씻겨주시기도 하셨고, 떡을 떼어 주시기도 하셨습니다.

그러나 대부분의 사람들은 자신의 마지막 식사인줄 알지 못한 채 마지막 식사를 합니다. 만약 자신의 마지막 식사를 미리 안다면, 당신은 누구와 어디서 무엇을 먹을까요?

자신의 마지막 식사를 정확하게 알 수 있는 사람들이 있습니다. 바로 사형수들입니다. 미국의 사형수들은 마지막 식사를 자기가 먹고 싶은 음식으로 주문해서 먹을 수 있다고 합니다. 영국의 텔레그래프지는 사형수들이 주문해서 먹은 특별한 음식을 보도했습니다.

로버트 뷰엘은 마지막 음식으로 씨를 뺀 검은색 올리브 한 조각 만 먹었습니다. 제럴드 리 미첼의 마지막 식사는 여러 가지 맛과 향이 나는 '졸리 런처' 캔디 한 봉지였습니다. 제임스 에드워드 스미스는 마지막 식사로 흙덩어리를 요청했지만, 교도소 규칙 상 흙은 식품 목록에 포함되지 않아 요거트를 대신 먹었습니다.

사형수 중에서 가장 많은 음식을 요청해서 먹은 사람은 1995년 처형된 토마스 J. 그라쏘였습니다. 그는 찐 홍합, 대합, 버거킹 더블 치즈버거, 바비큐 돼지 갈비 6조각, 밀크셰이크 라지 2컵, 미트볼 파스타인 '스파게티오스' 통조림 한 캔, 호박파이 반 조각, 크림을 올린 딸기 등 20개 이상의 길고 복잡한 주문을 했습니다. 주방의 직원은 실수로 '스파게티오스' 대신 스파게티를 준비해주었습니다. 그라쏘는 사형집행 전 마지막 말로 "나는 스파게티오스 대신 스파게티를 먹었다. 언론이 이 사실을 알길 바란다." 라는 말을 남기고 죽었습니다. 마지막 말로는 참 어울리지 않는 말을 남겼군요.

사형수의 최후의 만찬 중에 역사상 가장 어려웠던 요청은 1989년 처형된 살인범 오델 반즈 주니어의 것이었다고 합니다. 그는 마지막 식사를 주문하는 대신 '전 세계의 정의와 평등 그리고 평화를 위해서 조금 더 살면서 봉사하고 싶다'고 했습니다. 하지만 그의 요청은 "세계의 정의와 평화를 위해 당신이 살아 있으면 안 된다."는 이유로 거절되었다고 합니다.

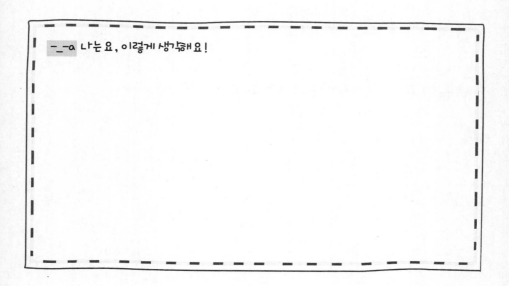

-_-a 나는요, 이렇게 생각해요!

초대교회 교인들, 특히 지하동굴인 카타콤에서 살아가던 성도들은 '마라나타'를 인사말로 사용했다고 합니다. '우리 주여 오시옵소서' 라는 뜻을 가진 말입니다. 주님께서 승천하시면서 다시 오실 것을 약속해주신 것을 기억하면서 그날이 빨리 오기를 기다렸습니다. 현실이 힘들수록 더욱 간절하게 주님이 오실 날을 소망하면서 살았습니다.

주님이 다시 오시는 날은 우주적인 종말이 될 것입니다. 대부분의 사람들이 먼저 맞는 종말은 우주적인 종말이 아니라 개인적인 죽음입니다. 우리는 개인적인 종말을 어떤 모습으로 만날지 믿음 안에서 소망해야 합니다.

우리나라 사람들은 인생의 다섯 가지 복 중에 한 가지를 고종명(考終命)이라고 했습니다. 건강하게 오래 살다가 편안하게 죽는 것입니다. 그러나 정말 복된 죽음은 천국의 영생으로 들어가는 죽음입니다. 하나님께서 손으로 눈물을 씻어주시는 죽음, 하늘의 천사들도 흠모하는 영광스러운 존재가 되는 죽음입니다. 이것은 생명의 끝이 아니라 새롭고 영원한 생명의 시작입니다.

"아멘, 주 예수여, 어서 오시옵소서"(마라나타) 하며 맞이할 수 있는 사람, 자신이 살아 있을 때 주님께서 재림을 하신다면 "마라나타!" 하면서 맞을 수 있는 사람은, 자신의 죽음의 순간에 "아멘, 주 예수여, 나를 받아 주소서!" 하면서 주님을 만날 준비가 되어 있는 삶을 살 수 있습니다.

당신은 인생의 마지막 순간을 생각해 본 적이 있나요? 그날 나는 어떤 모습일까? 그 마지막 순간 어디에서 어떤 모습으로 죽음을 맞을까? 겁에 질려 있을까, 평안한 마음일까? 절망하는 죽음일까, 새로운 삶에 대한 소망에 가득 차 있을까? 그 마지막 날에 상상할 수도 없을만큼 아름답고 평화로운 천국에서 영원히 행복한 삶을 살게 될 것에 대한 소망을 절대소망으로 가지고 사는 사람이 가장 행복하고 용감하게 인생을 살 수 있음을 기억하십시오.

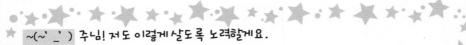

~(~'_') 주님! 저도 이렇게 살도록 노력할게요.

요한계시록 22 : 20, 21 / 예수님의 재림을 사모하는 성도

이것들을 증언하신 이가 이르시되 내가 진실로 ▢▢ 오리라 하시거늘 아멘, 주 ▢ ▢ 여 오시옵소서. 주 예수의 은혜가 모든 자들에게 있을지어다. 아멘.

고린도 전서 1 : 7, 8 / 그리스도의 나타나심에 대한 기다림

너희가 모든 은사에 부족함이 없이 우리 주 예수 그리스도의 나타나심을 ▢▢▢ 이라. 주께서 너희를 우리 주 예수 ▢▢▢▢의 ▢에 책망할 것이 없는 자로 끝까지 견고하게 하시리라.

야고보서 5 : 7, 8 / 농부의 기다림 같이

그러므로 형제들아 주께서 ▢▢ 하시기까지 길이 참으라. 보라, 농부가 땅에서 나는 귀한 ▢▢를 바라고 길이 참아 이른 비와 늦은 비를 기다리나니, 너희도 길이 참고 마음을 굳건하게 하라. 주의 ▢▢이 가까우니라.

6(^_^) 자신을 위한 기도

인생의 주인이 되시는 주님!

저의 인생, 저의 삶과 죽음, 저의 현재와 미래를 주님께 맡깁니다. 주님이 언제 오신다고 해도 '마라나타, 아멘'으로 맞을 수 있는 사람으로 살게 도와주세요. 저의 이 세상에서의 삶과 천국에서의 영원한 삶이 분리되지 않고 이어질 수 있음을 믿습니다. 세상에서의 육신의 삶에 조금의 미련도 남지 않는 복되고 행복하고 영화로운 영원한 주님의 나라 천국을 소망하며 살아가게 도와주세요. 예수님 이름으로 기도합니다. − 아멘.

삭개오의 절대소망

ᄉᄉ **성경말씀** 누가복음 19 : 2~4

삭개오라 이름하는 자가 있으니 세리장이요 또한 부자라. 그가 '예수께서 어떠한 사람인가' 하여 보고자 하되 키가 작고 사람이 많아 할 수 없어, 앞으로 달려가서 보기 위하여 돌무화과나무에 올라가니 이는 예수께서 그리로 지나가시게 됨이러라.

:-| **사람의 냄새** 고등학교 때 왕따가 남편 회사 사장님 와이프!

정민이는 고1 때 서울에서 시골로 전학을 온 아이였습니다. 선천성 천식발작이 있어서 몸이 약했습니다. 공부도 못해서 반에서 늘 꼴찌를 도맡아 했습니다. 그것만 빼면 별로 나무랄 데 없는 아이였습니다. 오히려 약간은 성숙하고 성격도 쿨한 아이였습니다. 그런데 아이들은 별 이유 없이 정민이를 싫어했습니다. 반의 분위기를 주도하는 패거리 중 한 명이 "왠지 재수 없다." 면서 무시하고 구박하기 시작하면서는 몇 명만 빼고는 반 전체가 정민이를 무시하면서 왕따 시켰습니다.

정민이는 천식발작이 나면 생명이 위급해집니다. 그래서 늘 기관지 확장제 약을 가방에 넣고 다니며 먹곤 했습니다. 어느 날 천식발작이 일어났는데, 가방을 찾아봐도 분명히 넣어두었던 약이 보이지 않았습니다. 읍내 병원으로 가서 치료받기까지 두 시간동안 죽음과 싸우며 두려움에 빠져 있었습니다. 하루 쉬고 다음날 학교에 갔을 때, 책상 위에 누군가 써놓은 쪽지가 있었습니다. "목숨도 질긴 년!"

체육시간이었습니다. 체육시간이면 선생님은 운동장을 세 바퀴씩 뛰게 했고, 모두 싫어했는데, 정민이는 늘 그렇듯이 그늘이 있는 스탠드에 앉아 있었습니다. 정민이 앞을 지나가던 아이 중 하나가 "왜 너는 안 뛰고 노냐? 너도 뛰어라! 왜 안 뛰냐? 왜 너만 편하냐? 죽나 안 죽나 한번 뛰어봐라!" 말했습니다. 그러자 반 애들이 전부 나서서 "왜 안 뛰냐? 뛰면 죽냐? " 하면서 다그쳤습니다.

정민이는 더 이상 버티지 못하고 학교를 자퇴했습니다. 그리고 책상 앞에 자기를 괴롭혔던 아이들 이름을 써 붙여 놓고서 공부했습니다. 그렇게 검정고시를 통

과했고, 서울의 명문대를 나왔습니다. 그리고 대학 때 만난 사람과 결혼을 했습니다. 남편은 유능하여 작게 시작한 사업을 키워 중소기업 규모의 회사를 운영하게 되었습니다.

한편 정민이의 약을 감추고, '목숨도 질긴 년!'이라는 메모를 써 올려놓기도 했고, 체육시간에 "죽나 안 죽나 한 번 뛰어보라!"고 가장 먼저 말을 뱉었던 은정이도 결혼했습니다. 은정이는 중소기업에 다니는 남자와 사귀다가 결혼을 했습니다. 자기 남편은 자기 회사의 사장님을 매우 존경했습니다. 젊은 사람이 능력도 있고 인정도 많다고 했습니다. 그 회사에는 모두 대졸 출신들인데 남편만 유일하게 고졸학력이었습니다. 사장님이 불쌍하게 생각해서 채용해서 쓰고 있다고 했습니다.

그 사장님 둘째 아이 돌날에 부부동반으로 돌잔치에 갔습니다. 그곳에서 사장님 사모님이 와서는 "너 은정이 맞지?" 하고, "누군지?" 하는 친구에게 "나 정민이야. ○○고등학교 1학년 8반!" 할 때 은정이의 심장은 덜컥 내려앉았습니다. 그리고 그 후로 남편의 직장생활이 힘들어지기 시작했습니다. 은정이는 옛날 외로운 친구를 외면하고 괴롭혔던 벌을 그렇게 되돌려 받기 시작한 것입니다.

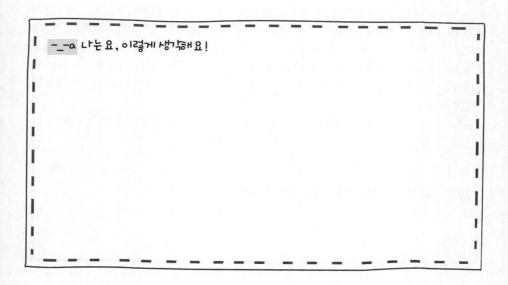

-_-a 나는요, 이렇게 생각해요!

판단 받는 사람의 사람 판단!

삭개오는 자신을 죄인으로 취급하며 멸시하고 멀리하는 사람들에게 실망하고 있었습니다. 그들은 삭개오라는 인물이 어떤 사람인지를 알아보려고도 하지 않았습니다. 그저 그의 직업을 보고 자기들이 생각하는 대로, 그렇고 그런 사람이라고 생각했습니다. 그들은 삭개오와 같은 직업을 가진 다른 세리들이 남의 것을 빼앗고 부정축재 하는 것을 보고는 삭개오도 그런 사람이라고 단정 지어 생각했습니다. 그래서 삭개오는 사람을 제대로 알아보지도 않고 판단하는 사람들에게 실망하고 있었습니다.

삭개오는 자기는 그런 사람이 되고 싶지 않았습니다. 예수라는 사람의 소문을 들었을 때, 어떤 사람은 굉장하고 훌륭한 사람이라는 긍정적인 이야기를 했습니다. 삭개오는 예수라는 사람이 좋은 사람이라는 말을 믿고 싶었을지도 모릅니다. 그러나 "예수는 어떤 사람인가?"를 알아보지도 않고, 그냥 판단하고 믿어버리는 것은 옳지 않은 일이라고 생각했습니다. 그래서 '예수라는 사람이 어떤 사람인지 확인해 보고 싶었습니다.'.

삭개오가 예수라는 사람이 안 좋은 사람이라는 이야기를 들었을 수도 있습니다. 그러나 남의 말을 듣고 사람을 판단하는 것이 싫었습니다. 그래서 자기가 직접 예수를 보아야겠다고 생각했습니다. 바로 그것이 "저가 예수께서 어떠한 사람인가 하여 보고자 했다"(3절)는 말씀으로 기록된 것입니다. 이것이 그가 왜 예수를 보고자 했는지, 왜 뽕나무 위에 올라가면서까지 예수를 보고자 했는지에 대한 심리를 함축하고 있는 말입니다.

삭개오는 뽕나무 위에 올라가서 지나가시는 예수님을 보고자 기다리고 있었습니다. 그는 자기가 보고 예수라는 사람이 어떤 사람인지를 판단하려고 했습니다. 삭개오가 예수님께 바랐던 것은 없습니다. 그런데 예수님께서는 뽕나무 밑을 그냥 지나치지 않으시고 이름으로 '삭개오'를 불렀습니다. 첫째로 예수님께서 삭개오를 '이름으로 알았다'는 것은 중요한 의미를 갖습니다. '삭개오'라는 이름 속에는 삭개오라는 사람의 존재자체와 삭개오라는 이름을 가지고 살았던 그의 모든 삶의 이력과 그가 맺고 있는 모든 관계성이 들어 있는 것입니다. 둘째로 '이름으로 불렀다'는 사실은 아주 중요한 의미를 갖습니다. 이름을 불렀다고 하는 것은 새로운 관계 속의 존재가 된다는 것을 의미합니다. 주님께서 '삭개오'의 이름을 불러 주셨을 때 그는 주님 안에 있는 의미 있는 존재가 될 수 있었습니다.

당신은 사람을 직접 보고나서 판단하는 사람인가요, 남의 이야기를 듣고 그냥 판단해버리는 사람인가요? 예수님에 대해서 제대로 알고 싶은 소망을 가지십시오.

~(~' _') 주님! 저도 이렇게 살도록 노력할게요.

사무엘상 16 : 7 / 사람들이 보는 것과 하나님이 보는 것

여호와께서 사무엘에게 이르시되 "그의 [   ]와 [ ]를 보지 말라. 내가 이미 그를 버렸노라. 내가 보는 것은 사람과 같지 아니하니, [   ]은 [   ]를 보거니와 나 [   ]는 [   ]을 보느니라." 하시더라.

로마서 2 : 1, 2 / 남을 판단하는 사람에 대한 경고

그러므로 남을 판단하는 사람아, 누구를 막론하고 네가 핑계하지 못할 것은 남을 [   ]하는 것으로 네가 너를 [   ]함이니, 판단하는 네가 같은 일을 행함이니라. 이런 일을 행하는 자에게 하나님의 심판이 진리대로 되는 줄 우리가 아노라.

고린도전서 4 : 5 / 하나님께 칭찬받을 사람은?

그러므로 때가 이르기 전 곧 주께서 오시기까지 아무 것도 [   ]하지 말라. 그가 어둠에 감추인 것들을 드러내고 마음의 뜻을 나타내시리니 그 때에 각 사람에게 하나님으로부터 [   ]이 있으리라.

6(^_^) 자신을 위한 기도

판단의 주인이신 하나님!
세상 사람들은 자기가 보지도 못하고 겪어 보지도 않은 사람을 남의 말만 듣고 판단하고 정죄합니다. 저는 그런 잘못을 저지르지 않도록 도와주세요. 주님에 대하여 남의 이야기만 듣고 판단하지 않고 직접 체험하고 확신에 찬 믿음을 가질 수 있게 도와주세요. 예수님을 절대소망으로 소유할 수 있는 주님의 사람이 되게 도와주세요. 예수님 이름으로 기도합니다. – 아멘.

신> 성경말씀 요한복음 6 : 8~9

제자 중 하나 곧 시몬 베드로의 형제 안드레가 예수께 여짜오되, "여기 한 아이가 있어 보리떡 다섯 개와 물고기 두 마리를 가지고 있나이다. 그러나 그것이 이 많은 사람에게 얼마나 되겠사옵나이까?"

:-| **사람의 냄새** 여덟 살까지만 산 알렉스 스콧이 이루어 놓은 일

알렉스 스콧은 첫 돌이 되기 이틀 전, 소아암 진단을 받았습니다. 그 때부터 알렉스는 여러 번의 수술과 방사선 치료, 약물 치료를 받았습니다. 네 살 때에는 줄기세포 이식 수술을 받았습니다. 병원에서 병상에 누워 있던 네 살 배기 알렉스가 어느 날 엄마에게 뜻밖의 말을 했습니다.

"엄마! 내가 퇴원을 하게 되면 레몬에이드 스탠드(Remonade stand, 레몬에이드 가로판매대)를 만들어주세요. 레몬에이드를 만들어 팔아서 나처럼 아프면서도 치료를 받지 못하는 소아암 환자 아이들을 돕고 싶어요."

퇴원 후 알렉스의 부모님은 알렉스의 소망대로 집 앞에 작은 레몬에이드 스탠드를 만들어주었습니다. 가판대에는 "알렉스 레몬에이드 스탠드, 소아암 연구를 위해" 라고 써놓았습니다. 그리고 레몬에이드를 만들어주었습니다. 레몬에이드 한 잔에 50센트. 엄마는 '5달러나 모을 수 있을까?' 걱정했지만, 첫날에만 50센트(600원)짜리 레몬에이드가 4000잔이나 팔려 2000달러가 넘는 돈이 모였습니다. 50센트짜리 레몬에이드를 1달러, 5달러, 10달러에 사는 사람들도 있었습니다. 점점 더 많은 사람들이 소문을 듣고 알렉스 레몬에이드 스탠드를 찾아왔습니다.

'아픈 아이가 아픈 아이를 돕는' 알렉스의 이야기가 오프라 윈프리 쇼에서도 소개되었습니다. 미국의 많은 곳에서 알렉스의 뜻에 동참하는 사람들이 생겨났습니다. 많은 도시에 '알렉스 레몬에이드 스탠드'가 생겨났고, 모금한 돈을 보내왔습니다. '알렉스 레몬에이드 스탠드'는 미국을 넘어 프랑스와 캐나다로까지 퍼져나갔습

니다. 그렇게 해서 4년 동안 모은 돈이 무려 75만 달러(약 8억 원)! 알렉스와 부모님은 그 돈 전부를 필라델피아 어린이병원에 소아암퇴치기금으로 기부했습니다.

투병 생활을 하면서 알렉스 레몬에이드 스탠드를 운영하던 알렉스는 2004년 불과 여덟 살의 나이로 세상을 떠났습니다. 그러나 '알렉스의 레몬에이드 스탠드—소아암 연구를 위해' 라고 써놓은 세계 각지의 레몬에이드 스탠드들에서는 모금 활동이 계속되었습니다. 그 결과 3000만 달러(약 350억 원)의 성금이 모였습니다. 2005년에는 알렉스의 가족과 전 세계의 후원자들은 '알렉스의 레몬에이드 재단'(ALSF)을 세웠습니다. ALSF는 지금도 소아암 치료법 연구를 위한 모금을 계속하면서, 전 세계 80여 개의 소아암 연구 프로젝트에 자금을 지원하고 있습니다.

50센트짜리 알렉스 레몬에이드에 담은 알렉스의 소아암 정복에 대한 절대소망이 오병이어의 기적을 일으킨 것입니다.

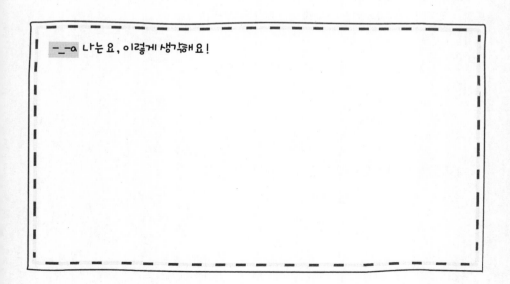

-_-o 나는요, 이렇게 생각해요!

:-O 예수의 향기 작은 소망, 오병이어의 기적이 되다

베드로의 형제인 안드레는 예수님의 열두 제자 중 하나입니다. '안드레'라는 이름은 '소개자'라는 뜻을 담고 있습니다. 좋은 소개자는 어디에서나 필요합니다. 과거에는 소개해 주는 사람은 중매쟁이나 복덕방이 고작이었습니다. 그러나 요즈음은 결혼 상대자를 소개해주는 것도 기업형이 되었고, 특히 기업과 전문 인력을 소개해 주는 기업도 많이 있습니다. 소개해 주는 사람은 서로에게 좋은 결과를 소망하면서 연결해 주는 것입니다.

복음을 전하는 것도 하나의 소개자의 역할입니다. 하나님과 사람을 소개시켜 주는 것이지요. 그런 의미에서 예수님의 제자로서 가장 좋은 소개는 안드레였습니다. 안드레는 조용하게, 개인적인 접촉으로 사람들을 예수님께 인도해왔습니다. 안드레가 예수님께 소개한 첫 번째 사람이 베드로입니다. 안드레는 예수님의 제자가 되자마자 자기 형제인 베드로에게 예수님을 소개해서 예수님의 제자가 되게 했습니다. 베드로는 예수님의 수제자로 활약했고, 예수님 이후에는 최고의 능력 있는 전도자요 설교자가 되었는데, 안드레의 숨은 공이 들어 있는 것입니다.

예수님께서 벳세다 언덕에서 오병이어의 기적을 일으키실 때도 안드레의 소개자 역할이 중요한 역할을 했습니다. 예수님께서 남자 성인만 5000명 이상인 군중들에게 먹을 것을 주자고 하셨을 때, 다른 제자들은 돈도 없고 그렇게 많은 떡을 한꺼번에 살 수도 없다고 말했습니다. 그런데 안드레는 보리떡 5개와 물고기 2마리로 도시락을 싸온 어린 아이를 예수님께 데리고 왔습니다. 예수님께서는 그 오병이어로 '오병이어의 기적'을 만들어 내셨습니다. 예수님의 오병이어의 기적은 안드레가 어린 아이(오병이어 도시락)를 예수님께 소개하는 데서 시작되었습니다. 한 사람 먹기에도 부족한 오병이어 도시락을 예수님의 손에 넘겨 드리는 소개에는 안드레의 소망이 담겨져 있었던 것입니다. 작은 것이 예수님의 손에 들려지면 놀라운 능력이 될 것을 믿는 절대소망이었습니다.

우리 자신이 부족하고 작은 존재라고 하더라도 안드레의 소망 같은 절대소망을 담아 예수님께 드릴 수 있다면 큰 능력을 행할 수 있게 될 것을 믿으십시오.

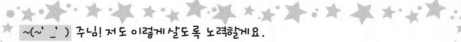

~(~' _') 주님! 저도 이렇게 살도록 노력할게요.

:-) **마음에 새기는 말씀**

고린도전서 15 : 10 / 바울과 함께 하셔서 큰 일을 감당하게 하시는 하나님

그러나 ___가 ___ 된 것은 하나님의 ___로 된 것이니 내게 주신 그의 은혜가 헛되지 아니하여 내가 모든 사도보다 더 많이 수고하였으나 ___가 한 것이 아니요 오직 나와 함께 하신 하나님의 ___로라.

사무엘하 7 : 8~9 / 목동에게 위대한 이름을 주시는 하나님

그러므로 이제 내 종 다윗에게 이와 같이 말하라. 만군의 여호와께서 이와 같이 말씀하시기를 내가 너를 ___ 곧 양을 따르는 데에서 데려다가 내 백성 이스라엘의 ___로 삼고, 네가 가는 모든 곳에서 내가 너와 함께 있어 네 모든 원수를 네 앞에서 멸하였은즉 땅에서 ___ ___의 이름 같이 네 이름을 ___하게 만들어 주리라.

고린도전서 1 : 27~29 / 작은 사람을 큰 사람으로 만드시는 하나님

그러나 하나님께서 세상의 ___ 것들을 택하사 ___ 있는 자들을 부끄럽게 하려 하시고, 세상의 ___ 것들을 택하사 ___ 것들을 부끄럽게 하려 하시며, 하나님께서 세상의 ___ 것들과 ___ 받는 것들과 ___ 것들을 택하사 ___ 것들을 폐하려 하시나니, 이는 아무 육체도 하나님 앞에서 자랑하지 못하게 하려 하심이라.

6(^_^) **자신을 위한 기도**

소망이 되시는 주님!

저로 소망의 사람이 되게 도와주세요. 아무리 적은 것을 가지고 있어도 아주 큰 것을 이룰 수 있다는 소망을 가질 수 있는 믿음을 주세요. 약하고 무능한 중에도 좌절하지 않고 누구보다 더 큰 일을 이루어낼 수 있음을 믿고 소망 속에 살도록 이끌어주세요. 오병이어에 수많은 사람들이 배불리 먹는 소망을 담아 예수께 드렸던 안드레처럼, 나의 작은 것에 큰 소망을 담아 주님께 맡길 수 있게 도와주세요. 복음의 좋은 소개자가 되게 해주세요. 예수님 이름으로 기도합니다. - 아멘.

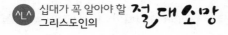

십대가 꼭 알아야 할 그리스도인의 절대소망

초판 1쇄 발행일 / 2012년 12월 20일

지 은 이 손승락
발 행 처 도서출판 요셉의 꿈
발 행 인 전미라
편집디자인 박현주

등록번호 제25100-2010-000003호
등록일자 2010년 1월 27일

값 2,800원
ISBN 978-89-963966-8-0

총   판 하늘유통
         Tel. 031) 974-7777
         413-853 경기도 파주시 광탄면 분수리 335-3